UM "NOVO AMOR" E FELICIDADE EM TERRADOIS

JORGE FORBES

UM "NOVO AMOR" E FELICIDADE EM TERRADOIS

Copyright © Editora Manole Ltda., 2023, por meio de contrato com os editores.

Capa: Marianne Meni
Projeto gráfico: Marianne Meni
Revisão: Marcos Toledo
Produção editorial: Marcos Toledo
Organização: Liége Lise, Jéssica Magalhães, Vanessa Scofield
Editoração eletrônica: Formato

CIP-BRASIL. CATALOGAÇÃO NA PUBLICAÇÃO
SINDICATO NACIONAL DOS EDITORES DE LIVROS, RJ

F787n

Forbes, Jorge
    Um "novo amor" e felicidade em TerraDois / Jorge Forbes. – 1. ed. – Santana de Parnaíba [SP]: Manole, 2023.
    126 p. ; 21 cm.

    ISBN 9786555769555

    1. TerraDois (Programa de televisão). 2. Psicanálise. 3. Amor – Aspectos psicológicos. 4. Relações humanas. I. Título.

22-79817   CDD: 152.41
                 CDU: 159.942

Meri Gleice Rodrigues de Souza – Bibliotecária – CRB-7/6439

Todos os direitos reservados.
Nenhuma parte deste livro poderá ser reproduzida,
por qualquer processo, sem a permissão expressa dos editores.
É proibida a reprodução por fotocópia.

A Editora Manole é filiada à ABDR – Associação Brasileira de Direitos Reprográficos.

Editora Manole Ltda.
Alameda América, 876
Tamboré – Santana de Parnaíba – SP – Brasil
CEP: 06543-315
Fone: (11) 4196-6000
www.manole.com.br | https://atendimento.manole.com.br/

Impresso no Brasil | *Printed in Brazil*

Esta obra contém conteúdo complementar disponibilizado em uma plataforma digital exclusiva. Nela, estão reunidos vídeos de Jorge Forbes, que servem como apoio para a leitura do livro.

Para ingressar no ambiente virtual, utilize o QR code abaixo, faça seu cadastro e digite a senha: terradoisforbes.*

SUMÁRIO

PREFÁCIO 11

1 **UM NOVO AMOR ESTÁ NO AR** 15

2 **FOGUEIRA DE FELICIDADES** 18

3 **POR FAVOR, NÃO DESAPAREÇA** 21

4 **TODO MUNDO QUER AMOR** 24

5 **A FELICIDADE NA CLÍNICA DE JACQUES LACAN: UMA AULA DE JORGE FORBES** 29

6 **EU SEI TUDO DE VOCÊ?** 33

7 **UM CASO DE AMOR OU DE POLÍCIA?** 36

8 **O RIDÍCULO DO AMOR** 40

9 **DE REPENTE, UM TAPA** 43

10 **ESTRANHOS DESEJOS** 46

11 **O PREÇO DE UM PRESENTE** 48

12 **ANGÚSTIA DA RESPONSABILIDADE** 51

13 **FELICIDADE NÃO É BEM QUE SE MEREÇA** 60

14 **O CHATO E O POETA** 68

15 *ECCE HOMO* 71

16 EU PRECISO DE VOCÊ 74

17 CETEMQUE 77

18 MULHERES INSATISFEITAS E ALGUNS HOMENS 80

19 FOLIA OBRIGATÓRIA 82

20 REENCONTROS 85

21 PELADA 88

22 FELICIDADE É RESPONSABILIDADE PESSOAL E INTRANSFERÍVEL 90

23 NÃO EXISTE RELAÇÃO SEXUAL 97

24 JEITINHO BRASILEIRO DE AMAR 99

25 O AMOR PEDE CORPO 101

26 CHEGA DE TANTA FELICIDADE 104

27 RIDÍCULAS PALAVRAS RECALCADAS 107

28 EROTISMO-*GUIDELINE* 116

29 BASTA DE DIZER EU TAMBÉM 118

30 HÁ FINS 120

PREFÁCIO

CHAMO DE TERRADOIS o atual planeta em que vivemos. Ele é em tudo diferente daquele em que habitávamos até recentemente. Do nascimento à morte, passando por todas as etapas da vida, nada mais é como um dia foi. Sofremos a maior transformação do laço social dos últimos vinte e oito séculos.

Desorientado e angustiado frente a atual diversidade dos modos de viver, o "homem desbussolado" busca se localizar, caindo na tentação de usar velhos remédios para novos sintomas.

Porém, se não formos capazes de habitar TERRADOIS, veremos continuar crescendo as soluções para trás, ou seja, reacionárias.

Necessitamos de um programa que mostre, elucide, convide à fantástica experiência dessas novas formas de viver e de se relacionar, tanto no nível do indivíduo, como no das instituições. TERRADOIS não pode continuar sendo vista como uma terrível ameaça, mas, ao contrário, ela é uma enorme chance para a humanidade se reinventar.

Nesse volume, abordamos múltiplos aspectos de **Um "novo amor" e Felicidade em TERRADOIS.**

Bem-vindo a esse novo tempo: TERRADOIS deve ser do nosso desejo e responsabilidade.

Jorge Forbes

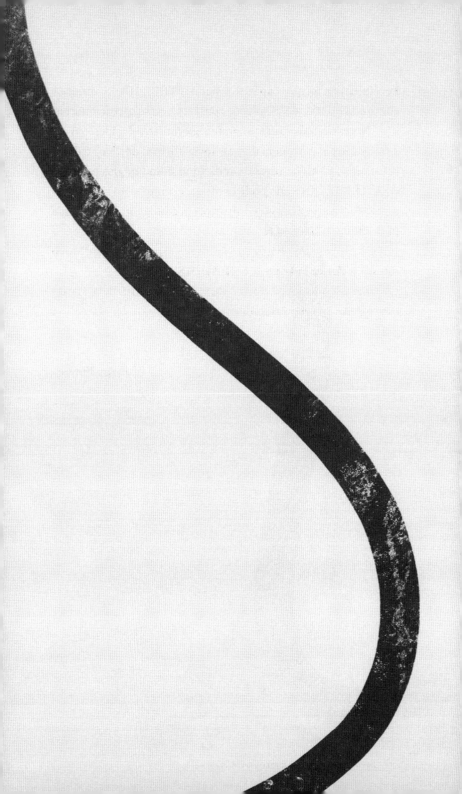

1 UM NOVO AMOR ESTÁ NO AR

Se uma pessoa
está com outra é –
antes de qualquer
nobre motivo –
porque quer.

HÁ UM NOVO AMOR no ar da pós-modernidade.

Nós, humanos, nos diferenciamos dos animais também pela multiplicidade de formas de amar que recobre a paisagem de cada época. Uma vaca não muda a maneira de amar e nem de se declarar. Dá para imaginar? Humanos, sim, a ponto de sabermos que o amor embalado pela bossa nova é diferente daquele do *hard rock* e que a musa dos menestréis, cheia de panos, não teria sido nenhuma garota de Ipanema de biquíni.

Nossa época se caracteriza por relações horizontais do laço social. Estamos em uma sociedade de rede, na qual as hierarquias foram achatadas e os padrões pulverizados. Não fazemos mais as coisas em nome de um bem maior ou supremo, mas porque queremos. Assim também é o amor atual.

Até bem pouco tempo, um casal dizia que não se separava por algum motivo suplementar ao relacionamento amoroso em si. Ouvimos muito: "Só fico com você porque jurei ao seu pai em seu leito de morte que lhe cuidaria"; "Só fico com você por causa de nossos filhos, não os quero ver em lares divididos"; "Só fico com você, porque o que Deus uniu, que não separe o homem!"; "Só fico com você por nossa vida econômica, social, ou política". Em quaisquer desses exemplos tão comuns há sempre a presença de um terceiro – pai, filhos, Deus, dinheiro, patrimônio. Não é, ou não será mais assim.

O amor de hoje pede invenção e responsabilidade no que antes era tradição e disciplina. Se uma pessoa está com outra é – antes de qualquer nobre motivo – porque quer. Isso informa que não adianta se sentar para discutir relação; todos sabem que esse é o melhor caminho da discórdia. Não amamos alguém pelo que o outro pensa ser amado, e nem mesmo por aquilo que nós pensamos. Quem já não teve a experiência de encontrar um par perfeito em tudo salvo em um detalhe não tão pequeno: a falta do amor? E ter de se despedir com uma pena danada daquele que seria o amor ideal, quem?

Pais contam nos consultórios dos psicanalistas suas aflições frente a aparente superficialidade de seus filhos ficantes que distribuem beijos de boca em boca nas baladas eletrônicas. Calma. Essa moçada é também aquela que não fará concessão por amores arranjados e acomodados. O novo amor da pós--modernidade representa um novo tipo de humanismo, uma transcendência laica. Se não morremos mais por grandes causas, morremos por quem nos toca de perto, por quem divide nossa vida no impossível do vazio das grandes causas. Não se pergunta mais se você compreendeu o que eu disse, se pergunta: tá ligado? Esse "tá ligado?" quer saber se o que me toca, de alguma forma te toca, não no mesmo sentido que tem para mim, mas na mesma ligação compartida. Daí o novo amor pedir invenção, no que antes era significado pela tradição, e responsabilidade de um querer ético, onde antes estava a disciplina do comportamento moral.

Ouve-se a pergunta que não quer calar: E daí, melhorou o amor?

Ah, isso é coisa para cada um responder, tá ligado?

2 FOGUEIRA DE FELICIDADES

Vem então a queixa: Ela não me entende, diz ele. Ele não me sente, diz ela. E toca a fazer teorias de salão para explicar o eterno desencontro.

UMA PERGUNTA FEITA COM FREQUÊNCIA AO PSICANALISTA: Como posso ser feliz?

A ideia é que a felicidade é um bem que, se cumprirmos uma série de regras, deveremos em decorrência merecê-la. Felizes seriam os mais aplicados, a eles o reino da felicidade. Assim se passa nas férias, por exemplo. Busca-se com muita antecedência a montagem de um cenário perfeito, daqueles de anúncio de televisão. Seja uma casa direto na areia de uma praia maravilhosa, seja o seu avesso complementar, uma casa no alto da montanha, à beira de um lago, com uma cachoeira nos fundos do jardim. Daí, só escolher a melhor companhia, boa comida e bebida, uma cama macia em um quarto amplo e silencioso e... bingo: Sou feliz!

Qual o que, para a decepção da maioria, a felicidade não obedece a regras padronizadas. No lago de Como, na Itália, ocorreu algo interessante e ilustrativo. É um desses lugares paradisíacos, como o descrito acima. Pois bem, a associação dos locadores dos chalés da beira do lago baixou uma norma que qualquer locação de uma semana deveria ser integralmente paga na hora da reserva. Isso porque eles começaram a verificar que grande parte dos casais suportava ficar quarenta e oito horas, no máximo setenta e duas, naquele sonho terrestre. Depois, era briga na certa e saíam cada um para um lado.

Nada a estranhar, humano, demasiadamente humano. Sempre alguma coisa falha nas previsões da felicidade e isso por uma razão de estrutura: como não podemos colocar totalmente em palavras o nosso desejo, daí a sensação da falha, da falta de alguma coisa. E quando objetivamente não falta nada, quando tudo está perfeito, do barulho das ondas do mar, à temperatura da água da cachoeira, aí, então, quem vai pagar o pato dessa sensação de algo a mais ausente é o pobre do parceiro; simples assim.

Vem então a queixa: Ela não me entende, diz ele. Ele não me sente, diz ela. E toca a fazer teorias de salão para explicar o eterno desencontro. Um afirma que o que está ocorrendo é que os homens estão apavorados com a liberdade feminina, outro que as mulheres são muito difíceis, eternas insatisfeitas, etc. As explicações variam conforme a época, mas o fenômeno é sempre o mesmo: alguma coisa acontece nos corações muita além de qualquer razão. E não venham dizer que agora o sexo está melhor que antes, pois na base do cada vez melhor, se estivermos melhorando desde os gregos, já pensou, vamos ter uma explosão orgástica.

Não, nada disso, nada de receita de felicidade. Ao contrário do bom senso – que sempre pensa mal – a felicidade não é bem que se mereça. Como diria o poetinha, ela vem da arte do encontro, do acaso, da surpresa, a tal ponto que quando estamos de fato felizes entramos em crise de identidade, se perguntando quem é esse cara, esse cara sou eu? Para ser feliz uma só dica: aguentar nem que seja por um instante o amor que não se compreende, que explode qualquer cenário, que nos leva a habitar o mais forte que eu.

E boas férias!

3 POR FAVOR, NÃO DESAPAREÇA

O amor não teria um além. Só se pode amar o que é agora, pois o ontem não é mais, e o amanhã não é ainda.

TEMOS VIVIDO MUITAS PERDAS. Sofremos mais pelo desaparecimento de quem amamos do que pela nossa própria morte. É estranho o amor humano. Somos conscientes de que aquela pessoa que amamos pode deixar de existir a qualquer momento e, no entanto, amamos!, salvo raras e desonrosas exceções. Jacques Lacan dizia que era necessário ser um pouco bobo na vida. Que "os não tolos erram" – é mesmo o nome de um de seus seminários –, pois se quisermos ser de tudo precavidos, vamos vagar perdidos em desamor. No decorrer dos séculos viemos estabelecendo formas de nos conformarmos – sempre imperfeitamente – ao desaparecimento de quem gostamos. Luc Ferry, o filósofo que frequentou recentemente essas páginas comigo, discorreu sobre grandes períodos da história filosófica, a esse respeito. Primeiro, tivemos uma concepção cósmica (natural) da existência. Seríamos seres naturais, da mesma natureza das frutas, por exemplo, e como elas cumpriríamos um ciclo de vida. Se laranjas, maçãs e melancias têm o seu ciclo, nós também. Para os gregos, os homens seriam pré-catalogados em categorias como as dos senhores, guerreiros, artesãos, escravos, mulheres e crianças. Categorias estanques, como as frutas também o são. A morte, como se dizia – e ainda se diz – seria simplesmente "natural", cumprindo a etapa final de nosso destino.

Essa visão cósmica da nossa morte foi substituída pela ideia religiosa, com duas vantagens: a de passarmos a sermos todos iguais, não estanques, perante um deus, e, mais importante, não morrermos para virar semente, como na primeira concepção, mas para irmos para uma segunda e mais plena vida, a vida eterna. Tenho ouvido com frequência, em meu consultório, a fantasia de pessoas que não querem ser cremadas, para não aparecerem no Juízo Final, em um cinzeiro... É claro que essa visão religiosa é muito mais sedutora que a visão cósmica, razão pela qual ter vigorado por bem mais tempo que a primeira.

A visão religiosa foi substituída pela ideia racional de finitude, datada a partir do fim do século XVII, começo do XVIII. O Homem, decepcionado com os deuses, saiu do aconchego celestial e começou a preconizar que as nossas vidas seriam prolongadas nas histórias que depois contariam a nosso respeito. Como escreveu um ditador brasileiro: sair da vida deveria ser entrar na história. Ou seja, virar herói.

Todas essas visões foram postas radicalmente em questão no início do século passado, a partir de uma influência maior, a de Nietzsche com a sua desconstrução de todos os ideais. O amor não teria um além. Só se pode amar o que é agora, pois o ontem não é mais, e o amanhã não é ainda.

Como estamos hoje com as nossas perdas, que infelizmente têm se sucedido com frequência aumentada? As três concepções: cósmica, religiosa e racional não desapareceram, mas persistem, mesmo que não sejam mais os ideários dominantes. Com frequência buscamos ainda nos consolar nelas, ao mesmo tempo em que, como dizia ao iniciar, no fundo, no fundo, sabemos que amar alguém é se expor a uma perda importante que nem a natureza, nem os céus, nem as estátuas heroicas vão nos salvar. Vai ver que por isso é que Steve Jobs, na esteira de Lacan, deu o conselho que ficou famoso, aos seus jovens afilhados formados em Stanford: *Stay Hungry, Stay Foolish!*

4 TODO MUNDO QUER AMOR

Felicidade é a força bruta do desejo, que dá o impulso para que as coisas se realizem.

Entrevista concedida à Revista *Marie Claire*.

O PSICANALISTA E PSIQUIATRA JORGE FORBES fala que a felicidade amorosa não tem garantia. Ele acredita que buscá-la é obrigação de todos. Mesmo sabendo do risco de se machucar no caminho.

É impossível ser feliz sozinho?
Todo ser humano necessita de alguém que o incomode, que o desafie todos os dias. Quando acontece o encontro, um acorda o outro e é bom, as pessoas precisam de alguém que as retire do comportamento individualista. A mulher deve ser "a pedra no

caminho" do homem, como nos versos de Carlos Drummond de Andrade. É ela quem alerta o homem, porque ele é mais acomodado e ela é mais inquieta. O encontro faz com que os dois tenham motivo para reinventar a vida todos os dias. Mas felicidade dá trabalho.

Fixar-se na falta do parceiro é uma atitude infeliz?
Idealizar que o parceiro é a fonte da felicidade tem dois lados ruins:

1. Enquanto está sem par, a pessoa desvaloriza as outras conquistas da vida, que também são importantes, mas acabam passando despercebidas.
2. Se, por acaso, consegue que seu relacionamento amoroso atinja seu ideal de felicidade, está fadada a perder essa situação, já que nenhum relacionamento é ideal eternamente.

Como realizar o sonho de ser feliz no amor?
Tentar ser feliz é obrigatório. Realizar é uma sorte. Para chegar um pouco mais perto, aí vão alguns lembretes:

1. Não acredite em conselhos que tenham em sua composição a palavra "dever".
2. Esqueça regras pré-concebidas. As formas de satisfação a dois só podem ter uma regra – o comum acordo entre os parceiros.
3. Os parceiros podem contar todas as fantasias amorosas um para o outro: contar sempre, realizar quando der.
4. Jamais tente compreender a felicidade. É preciso suportar o inusitado dela, mesmo se você não compreende o que está acontecendo! Com medo de que a felicidade acabe, as pessoas ficam tentando descobrir a receita para repetir exatamente o que aconteceu, na tentativa de aprisionar o

momento feliz. Mas toda vez que se constrói uma prisão, a felicidade acaba.

5. A base da felicidade é o novo, a originalidade. Ela é a possibilidade de viver fora do padrão e de reinventar a vida. Quem ousa tem mais chance de ser feliz.

Dizem que "casamento é loteria". O senhor acha que felicidade é questão de sorte?

Concordo que o amor é um encontro por acaso. A essência do relacionamento não se pode prever e nem medir. Todo balanço pré-nupcial tem um elemento imponderável, por isso os mais velhos costumavam dizer que "quem pensa muito não casa". A razão é simples: é impossível entender plenamente por que se está casando.

A felicidade depende da maturidade?

Isso não garante nada. A maturidade é uma chatice que a civilização impõe. A felicidade é poder manter algo dos 5 anos de idade e não ser taxado de débil mental. Felicidade é a força bruta do desejo, que dá o impulso para que as coisas se realizem.

"Tenho medo da dependência" é outro clichê moderno para fugir da intimidade emocional.

Atrás dessa frase há sempre uma pessoa querendo muito ser dependente. Ao encontrar alguém aparentemente disponível, agarra-se a ela como garantia de segurança emocional, econômica, social, espiritual... mas isso não é felicidade. Há sempre uma diferença radical entre dois parceiros: amor é o nome que se dá à ponte que recobre temporariamente essa distância entre eles. Mas a diferença sempre vai reaparecer, é inevitável. A felicidade é tênue, um encontro provisório. Não é *standard*, nunca é fixa.

Esperar que a relação seja fonte de felicidade revela uma visão idealizada do amor?
Tratar a relação amorosa como um tapa-buraco para as dificuldades da vida é exigir demais do parceiro, que acaba tendo uma responsabilidade que desconhece e com a qual não pode arcar. Relacionamento amoroso ajuda, sim, mas indiretamente: fornece energia e entusiasmo para enfrentar a vida.

O que precisamos saber para amar e ser feliz?
Que não existe garantia. Todo amor é um contrato de risco e nisso reside sua graça e sua desgraça. Graça, quando contribui para aumentar o entusiasmo na vida. Desgraça quando deixa a pessoa desarvorada – a pior reação de uma mulher frente à perda de um amor, segundo (a escritora) Marguerite Duras.

Mulher sofre mais por amor do que o homem?
Geralmente, sim. O abatimento da mulher é maior porque a capacidade feminina de amar é infinitamente superior à do homem.

Felicidade é uma responsabilidade pessoal?
Pessoal e intransferível. Quem espera que o outro lhe traga a felicidade é porque se acomodou. Colocou o parceiro no lugar da mãe que levava o Toddy na cama.

Na carência afetiva, corremos o risco de consumir o outro como um "antidepressivo"?
Transformar amor em remédio é perigoso, felicidade não é artigo de consumo. A relação amorosa tem duas vertentes: a afetiva e a sensual. A afetiva é cuidado, segurança, companheirismo – é repetição. A sensual é invenção e nada tem a ver com o cuidar – envolve surpresa, uso sexual recíproco e tem uma

vertente enigmática. Quando as pessoas estão carentes, tendem a desenvolver a corrente amigável e sufocar a sensual. Aí o amor acaba. Quem se preocupa demais com o dia a dia costuma fazer mal amor à noite.

A felicidade amorosa quase sempre vem acompanhada do medo da perda, do abandono ou da traição. Como superar isso?

Quando se gosta de alguém, a tendência é ficar vulnerável. Amar é suportar ser ridículo. A partir dos 30 anos de idade as pessoas estão escaldadas, já tiveram decepções amorosas. Daí o medo. Mesmo assim, vale a pena arriscar novamente, ainda sabendo que pode se ferrar de novo. Mas se a pessoa só se ferra, é hora de desconfiar de suas más escolhas. Tem gente que tem prazer em sofrer.

A euforia do começo da paixão pode ser chamada de felicidade?

A paixão pode ser chamada de felicidade, mas, quando se transforma em um ideal de vida, fica supervalorizada e representa um perigo. Fica bonito no teatro, mas é muito triste na vida real. Daí personagens como Romeu e Julieta, Tristão e Isolda, Abelardo e Heloísa... morreram porque tentaram eternizar a paixão. Quando os envolvidos querem manter intocável a paixão, quando não suportam mudança ou interferência, acabam selando um compromisso de morte

5 A FELICIDADE NA CLÍNICA DE JACQUES LACAN: UMA AULA DE JORGE FORBES

O problema da vida é a qualidade e a excelência, não o que não se tem.

UM CAMINHO DE PEQUENAS PEDRAS, emoldurado pelo verde das árvores leva-nos à nova sede do IPLA, numa aconchegante vila bem ali na famosa Rua Augusta, em São Paulo, na segunda-feira, 25 de fevereiro de 2008. Uma construção e tanto. Para honrá-la, novos projetos já se formam. Neste embrião já está inscrita a programação para ser um centro de transmissão teórica e clínica. Serão mais cursos para o debate da psicanálise na cidade. E, o mais importante, a consolidação de uma clínica com excelência no segundo ensino de Lacan.

É o cenário da conversa inaugural, com Jorge Forbes. O tema por ele escolhido é inusitado. Unir psicanálise com felicidade é fazer um recorte. Não é exatamente uma criação, afirma o psicanalista, mas uma maneira de falar das mesmas coisas, realçando aspectos de maneira diferente. Assim fazendo, renova a presença do Real, que tende a se encobertar. Sua hipótese é de que Lacan, em sua clínica, buscava, o tempo todo, a felicidade.

Lacan falou de felicidade? Onde, além do final do seminário da Ética?

Em 1975, aos 74 anos, Lacan esteve na Universidade de Yale. Ali, os universitários lhe perguntam sobre até que ponto conduzia suas análises. A resposta soaria uma banalização da psicanálise, não tivesse sido proferida por ele:

A única coisa que posso testemunhar é aquilo que minha prática me fornece. Uma análise não é para ser levada muito longe. Quando o analisando pensa que está feliz é suficiente.

Merece considerações. Sempre ouvimos que tanto mais tempo de análise melhor. Ele está aqui falando o contrário? Não, Lacan está dando à felicidade o estatuto de defesa contra a psicose. A formulação é de Jorge Forbes.

No contexto desta citação, Lacan dizia que o sintoma ajuda o neurótico a viver e que a análise não pretende levá-lo à normalidade, ao menos não à normalidade pura. O psicótico é o normal. Ser normal é ser completamente dentro de uma norma, a ponto de não perturbar mais a norma. Assim, acaba-se com o sujeito. O psicótico seria aquele que não suporta a anormalidade.

A felicidade, ao contrário, só é possível quando a pessoa suporta aquilo que a destaca da normalidade. Neste sentido, o problema da vida é a qualidade e a excelência, não o que não se tem.

Afinal, de que felicidade se trata? "Por que você faz coisas que não lhe deixam feliz?", poderia perguntar o analista desavisado. Ter o que se quer, ser importante, ser amado, não ter angústia, saber dançar samba, nada disso serve à psicanálise como noção de felicidade.

A felicidade visada por Lacan em sua clínica não advém de uma adaptação, tal qual fez o irmão de Michel Leiris , que corrigiu sua alegria de reencontrar o soldadinho de louça caído da mesa: "Você está todo feliz, mas não é assim que se fala. Não é lizmente, é felizmente."

Giorgio Agamben também sabe que não é pelo aprimoramento da razão, mas pela magia, que a felicidade é possível. Magia é saber o nome que chama a vida. "Cada coisa, cada ser, tem, além de seu nome manifesto, um nome escondido, ao qual não pode deixar de responder".

Há uma tentativa de a língua recuperar o gozo, de falar a felicidade. Mas para a língua chamar a felicidade é preciso quebrar sua expressão comunicacional. É o que fez James Joyce.

Uma análise levada a seu termo ensina a conversar com o gozo. O gozo é invasivo e se puder ser capturado por algum discurso será por aquele que se valer do equívoco e da surpresa. Esta é a possibilidade de uma "bem-aventurança", uma felicidade analítica, conclui Forbes.

Bem-aventurados os que conseguem não ser normais e se destacar.

Bem-aventurados os que continuam a falar a partir do desejo, depois de esgotada a queixa.

Bem-aventurados os que têm ideais, mas não o levam tão a sério.

Bem-aventurados os que suportam espaços vazios, silêncios e ouvir música clássica, sem enlouquecer.

Bem-aventurados os que saem da culpa e entram na responsabilidade do bem-dizer.

Bem-aventurados os que guiam sua ação por um cálculo coletivo, ou dos pequenos outros e não mais pelo reconhecimento do Outro.

Bem-aventurados os que suportam o encontro, a surpresa, o acaso.

NOTAS

1 LEIRIS, M. Uma referência cara a Lacan. *In*: **Biffures**. Paris: Gallimard, 1991.

2 AGAMBEN, G. Magia e Felicidade. *In*: **Profanações**.

6 EU SEI TUDO DE VOCÊ?

Nenhum ser humano é traduzível em palavras, o mais essencial de nós mesmos não tem palavras, nem nunca terá.

EU SEI TUDO DE VOCÊ. Assim se resume a nova febre que acomete casais desconfiados, craques nas novas tecnologias.

Eu sei tudo de você: olho seu WhatsApp, baixo seus e-mails, fuxico seu Instagram, bisbilhoto seu Facebook. E se der, gravo suas conversas e filmo os seus momentos. Aliás, não controlo só você, mas também seus parceiros, seus filhos, seus pais e seus amigos mais próximos.

Eu sei tudo de você e só sabendo tudo de você é que eu posso confiar e declarar meu amor. Chamo isto de transparência, posso aceitar descompassos, mas quero uma relação transparente, na qual tudo que você souber de você mesmo, eu também sei.

Eu sei tudo de você. Oh, quimera pós-moderna, ilusão dos inseguros. Nada disto pessoinhas antenadas, nada de pensar que sua bisbilhotice vai lhes trazer maior conhecimento a respeito de quem quer que seja. Bons tempos aqueles nos quais as pessoas se envergonhavam de abrir uma gaveta alheia e quando bolsa de mulher e paletó de homem eram intocáveis. Agora, com a desculpa rala de ver uma foto ou de que seu celular estava tocando, os sherloquinhos conectados se permitem a incursões invasivas e indecentes.

Pensam que se a tecnologia está aí então é para ser usada, quando a ética reza o contrário: a existência da possibilidade não autoriza o seu uso.

Ademais, há um erro básico em imaginar que se conhece uma pessoa por colher informações supostamente secretas. Nenhum ser humano é traduzível em palavras, o mais essencial de nós mesmos não tem palavras, nem nunca terá. Nem mesmo a própria pessoa sabe de si, é o que todos os dias verifico nos analisandos. A psicanálise melhora esse conhecimento, mas não tem intenção de extenuá-lo. Aliás, se uma parte do tratamento visa o se conhecer melhor, outra, talvez a mais importante, visa dar condições à pessoa decidir sobre o que não conhece e que nunca conhecerá de si e dos outros.

Espera uma revisão, em nossos tempos, o conceito de traição e de fidelidade. Não nos basta mais nos aferrarmos à velha divisão simplista e maniqueísta, do branco e do preto, do fiel e do infiel. O amor, especialmente na pós-modernidade, não se expressa em nenhuma moral de costumes. Amar é bem mais complexo do que o claro ou o escuro. São as nuances que melhor rimam com os romances.

Alguém poderia perguntar por que nestes tempos pós-modernos, continuamos a presenciar crises de ciúmes apaixonadas. Embora pareça contraditório, não é. Exatamente porque vivemos uma época múltipla e flexível é que os ciúmes se acerbam como uma tentativa – falsa, sem dúvida – de acalmar a angústia da escolha.

Voltando, pesquisa recente afirma que 40% dos casos de traição na Itália foram provocados pelo WhatsApp. Conclusão: jogar o celular pela janela? É claro que não. Só beneficiaria os fabricantes dos ditos cujos. Melhor jogar pela janela aquela pequeneza humana que não sabe diferenciar o que é da cena, com o que é da obscenidade. Explico: as pessoas acham que além da cena está escondida uma verdade maior, A Verdade maiúscula. Ledo engano, um dos sentidos da palavra "obsceno" é exatamente "além da cena". Assim, ir além da cena, do que está ali, visível, querer escarafunchar além, para ter mais segurança – como dizem – não traz nenhuma nova verdade. É simplesmente obsceno.

7 UM CASO DE AMOR OU DE POLÍCIA?

Todo saber é incompleto e caberá a cada um se responsabilizar por completá-lo com a sua subjetividade.

NÃO ACREDITO QUE NATASCHA, a jovem recém-libertada de um sequestro de oito anos, tenha obtido a primeira página de toda imprensa mundial pelo crime sofrido. Disso temos muitos outros exemplos mais espetaculares e mais próximos. Natascha interessa ao mundo como um estranho caso de amor.

Por que ela não fugiu? É o que todos se perguntam. Sim, "se" perguntam, pois é fácil colocar-se na posição dela, identificar-se com ela.

– Eu teria fugido, imagina!, dezoito anos, aquele tamanhão todo, frequentando lojas e sorveterias, sendo apresentada a amigos, qual é a dela de não fugir?

Quem diz isso heroicamente saberia escapar de um sequestro escabroso, mas talvez não tivesse a mesma coragem frente aos cativeiros disfarçados em cotidianos mal ajambrados: do companheiro ou da companheira insuportável, do emprego chatíssimo e injusto, da reunião infernal, e por aí vai. Natascha estampa que não é a troco de nada que amantes se dizem cativados e que jovens querendo saber se foram compreendidos perguntam: "Tá ligado?".

A polícia já tem a resposta pronta na ponta da língua: "Síndrome de Estocolmo". Catalogar, nesse caso, é uma maneira de recuperar rapidamente certezas abaladas pelo desconforto desta história, pasteurizando sua virulência. Como gostaríamos que os amores fossem normais, que não tivéssemos de nos confrontar com suas esquisitices. Como gostaríamos de amar "como todo mundo"! Vai nesse desejo um pouco da razão do sucesso dos parques temáticos gênero Disneylândia, onde todo mundo ri igual. Pois bem, foi essa a base da descoberta de Freud que originou a Psicanálise: os humanos não têm prazer no bom senso e não existe a norma da relação entre os sexos, completou, em seguida, Lacan.

Natascha conta em sua primeira entrevista que ao ver aquele homem encostado no carro, na calçada que a levava ao colégio, passou-lhe um frio na barriga, uma vontade de atravessar a rua pela lembrança dos avisos maternos, no entanto prosseguiu e foi apanhada.

O homem, que no começo dizia à menina que se tratava de um sequestro com a intenção de ganhar dinheiro, progressivamente foi revelando que não era nada disso: literalmente ele pegou uma menina para criar, como se diz na gíria.

Os homens fantasiam educar as mulheres; eles não entendem que uma mulher possa ter sucesso pensando e agindo de uma maneira tão diferente deles. Isto ficou celebrado no musical Minha Querida Dama (*My Fair Lady*), baseado no Pigmaleão, de George Bernard Shaw, com remontagem anunciada em São Paulo. O personagem principal, Henry Higgins, criado originalmente por Rex Harrison, e entre nós por Paulo Autran, a um certo momento, indignado com a ineducável Eliza, se pergunta: "Por que uma mulher não pode ser mais parecida com um homem?".

Pelo outro lado, não é raro, continuando na mesma peça como exemplo, que mulheres à semelhança de Eliza exijam de um homem que lhes declare amor, com bem mais que "palavras, palavras, palavras".

É notável a afirmação de Natascha explicando que não se libertou antes porque ficaria mal para a reputação de seu carcereiro; como também é notável que insista em chamar sua prisão de calabouço (*verlies*, no original), calabouço de um castelo. Castelo, ela tinha se referido um pouco antes na entrevista, dizendo que sua mãe lhe via com pendores artísticos desde pequena e que quando crescesse iria para o "Teatro do Castelo".

Quem mandava em quem? Quem aprisionava quem? O sequestrador, dono dos movimentos de Natascha, ou Natascha, dona da reputação de seu sequestrador?

Natascha conta que via naquele homem alguém que se arriscava por ela. Ela sabia disso e chegou mesmo a prever e avisar que aquele relacionamento estava perto do fim. Mas ela não queria que ele se matasse. Há quase uma certeza que ele tenha se matado por desespero e não por medo de ser preso. Natascha chega a se declarar cúmplice de assassinato, junto com o motorista que o levou à estação de trem e o condutor do próprio trem, sob o qual ele, seu sequestrador, terminou. Ela também lamenta que agora só exista ela para contar a sua história, já avisando que não aceitará que ninguém conte por ela, ela o fará chegada a hora, e cobrará por isso.

Realmente, Natascha tem uma história para contar em um mundo tão ávido de histórias, em especial escabrosas. Na lista dos livros mais vendidos vemos despontarem desde biografias de jovens prostitutas a de pequenos ou grandes assassinos – baseado no número de vítimas –, de Suzane (algum editor já deve estar preparando uma) a Hitler. Isto pode indicar que nossos tempos desbussolados querem compreender o excesso, o inusitado, o surpreendente.

Para compreender esses tempos em que não nos vemos mais a salvo em nossa boa imagem, nem nos princípios da família e nem na moral social e política, necessitaremos bem mais do que a compreensão para saber porque Natascha não é Eliza e nem Priklopil – é esse o nome do homem – é Henry Higgins.

A diferença existe, ela é grande, mas não se provará com as nossas envelhecidas categorias. Estamos em um novo tempo de mudança paradigmática do laço social, do surgimento de uma nova forma de responsabilidade frente ao acaso e à surpresa. Natascha e seu guardião se mostraram irresponsáveis: eles sabiam o que lhes ocorria, Natascha o diz em todas as letras. Nesse nosso tempo, há que se ser responsável pelo que se sabe, mesmo que seja pouco, pois não tem nada além. Todo saber é incompleto e caberá a cada um se responsabilizar por completá-lo com a sua subjetividade.

Não há mais vida que se proteja na moral estabelecida, pois moral estabelecida não há mais, parodiando Drummond. É uma oportunidade a um renascimento cultural do homem, que assim poderá viver e contar melhores histórias.

8 O RIDÍCULO DO AMOR

A capacidade de amar é diretamente proporcional à possibilidade de suportar a surpresa do encontro inominável.

RON, UM GRANDE AMIGO, ARQUITETO E AMERICANO, me surpreendeu com uma pergunta logo no início do jantar de sua chegada, em nosso restaurante habitual. Ele queria saber por que nos sentimos uma criança quando somos tocados afetivamente por uma pessoa; como é que eu, psicanalista, nomearia isso? De bate pronto, talvez para me desembaraçar da incômoda questão, respondi-lhe com Cole Porter: *"What is this thing called love?"* (O que é essa coisa chamada amor?). Sua cara me anunciou que eu não o tinha convencido minimamente. Respirei fundo e me disse: "Ok, vamos lá".

Fui, então, de Cole Porter a Michel Leiris. "Você o leu?", perguntei a Ron, retomando do livro "Biffures" (Rabiscos), no primeiro capítulo, o momento em que o menino, tendo acabado de recuperar seu soldadinho que tinha caído no chão, grita sorridente ao verificar que ele estava intacto: "Lizmente!". Um adulto ao seu lado lhe corrige incontinenti: "Felizmente". Pobre! Essa língua de todo mundo faz com que ele saia abruptamente da infância – o que quer dizer literalmente "não fala" – para entrar na palavra correta que retifica a sua palavra original de satisfação: "Lizmente". Este é o motivo que nos faz sentir crianças quando amamos. O amor é produto de um 'tiquê', como dizia Sócrates, de um encontro que nos tira do 'automaton' da rotina e para o qual não temos categoria adequada para ajeitar. O amor é sempre inadequado e bagunceiro – surpreendente – sem gaveta ou fichário para ser enquadrado. Para expressá-lo, pede palavras únicas e não batidas, amassadas ou burocráticas. Vi um namorado cumprimentar sua namorada, no dia do aniversário dela, mandando um e-mail pelo seu "natalício"; estragou a festa, recebeu como resposta uma merecida deletada.

É esse exigente uso de palavras únicas, fora da civilização, que nos dá impressão de estarmos regredindo ao estágio de criança. Confundimos infância (não ter palavra adequada) com criança (aquela que é criada pelo outro). Quando amamos, ficamos infantilizados, sim; inseguros, sim, mas em nada criança. A capacidade de amar é diretamente proporcional à possibilidade de suportar a surpresa do encontro inominável, pelo que foi dito aqui, infantil. Nada, nada simples, uma vez que abala diretamente os pilares da nossa identidade.

As palavras afetivas, os apelidos íntimos, os bilhetes acariciadores, não são para ninguém ver, fora da dupla amorosa, que os guarda em caixinhas mais ou menos seguras. Às vezes até mesmo os parceiros podem ficar envergonhados na manhã do dia seguinte, ou depois do amor passar. Álvaro de Campos, um dos heterônimos de Fernando Pessoa, tinha razão: todas as cartas de amor são ridículas, mas ridículos mesmo são os que nunca escreveram uma carta de amor. Finalmente, Ron se convenceu – e eu também.

9 DE REPENTE, UM TAPA

Todos podemos agredir quem gostamos muito, por querer que o amor não deixe brecha, nem mal-entendido.

UM TAPA, quando viu, era tarde demais.

Luiza acompanhava a lição de sua filha, insistindo que o trabalho deveria ter desenhos coloridos, pois era o que estava escrito no caderno do colégio. Sofia retrucava que em classe a professora tinha mudado a orientação, que os desenhos podiam ser em branco e preto. Na disputa entre o que estava escrito e o que supostamente tinha sido dito, pláf!, um tapa na altura do pescoço. Pânico! A mãe olhava aterrorizada, se perguntando como podia ter batido na filha. Desculpas. A filha não sabia se chorava ou se fugia assustada. Mais que a dor física, uma coisa estranha, jamais vista, sem registro: um tapa.

Um analista, urgente! Freud deve saber como explicar e se desculpar com um filho assim agredido. Não existem desculpas, pois o tapa não é fruto de uma má intenção, de um erro de cálculo, nem mesmo do prosaico mau humor. Um tapa desse tipo, não intencional, foge à razão, ele é explosão afetiva que marca o impossível de toda relação. Nesse caso, o da mãe acompanhar a lição da filha; em um outro, o de Michelangelo, de enfrentar a mudez de seu Moisés: "Fala! Por que você, estátua tão perfeita, não fala?".

Que solidão do incompreensível sofrem os que se amam!

Temos que aprender a desconfiar de nós mesmos, o que seria muito melhor que essa febre perniciosa de autoajuda e de reforço de autoestima. Desconfiemos, saibamos que em todos nós habita uma Luiza, ou um Michelangelo, conforme o talento, mas de semelhante princípio: todos, sim, todos podemos agredir quem gostamos muito, por querer que o amor não deixe brecha, nem mal-entendido. Melhor que desculpas, a responsabilidade. Melhor dizer às Sofias, errei, errei em ficar muito confiante de meu amor por você, que isso só te protegeria. Errei por não ter desconfiado de mim mesmo, de quanto me é difícil saber que o meu amor não é meu, que me ultrapassa, errei por me esquecer da angústia de Michelangelo, ao ver Moisés; um por do sol, uma cachoeira, um beijo: Por que não falam?

Na época em que arremessar crianças pela janela sai da fantasia e entra na realidade, é necessária uma campanha de alerta: apaixonados desconfiem de si mesmos. Amar muito alguém não é garantia de segurança do amado. Luiza soube parar, soube desconfiar de si mesma, soube suportar o horror do seu tapa. Muitos, entretanto, prosseguem na agressão, não suportam a sua vergonha, ou não querem constatar que o amado existe apesar do amante. De um ato repentino, prosseguem em uma ação por vezes assassina. Chamar a isso de violenta emoção é disfarçar a covardia humana dessas pessoas. Que não venham querer convencer que foram tomadas por um sentimento incontrolável, que as levou a um assassinato involuntário. Todos nós conhecemos o que é um sentimento incontrolável, mas o descontrole nunca pode durar mais que o tempo de um tapa.

10 ESTRANHOS DESEJOS

As condições de escolha de um objeto, como também de uma pessoa são sempre muito estranhas aos olhos dos outros.

O BOM SENSO, que normalmente pensa mal, associa a compra boa e feliz a quando alguém adquire o que lhe é necessário, em especial, se pertencer à trinca das necessidades humanas fundamentais: saúde, educação e moradia. Essa fórmula do politicamente correto funciona ao nível da necessidade, mas nem sempre ao nível do desejo. Desejar é ter um desejo sempre de outra coisa, afirmava Jacques Lacan. Os exemplos chocam: para terror da patroa, sua cozinheira comprou uma boneca de presente de Natal para sua filha, empenhando a própria bicicleta.

Para desespero da esposa, seu marido pagou cinquenta mil dólares no carrinho de brinquedo que faltava à sua coleção. Para desconsolo da viúva, sua filha gastou todo o 13º salário, em uma viagem para uma ilha semisselvagem. Afirmar que esses fatos só ocorrem em um sistema de capitalismo selvagem, corruptor de mentes fracas, hipnotizador perverso e aliciador do consumismo suicida, é acreditar em utopias. As condições de escolha de um objeto, como também de uma pessoa são sempre muito estranhas aos olhos dos outros; é o que fez Fernando Pessoa escrever que todas as cartas de amor são ridículas.

Os tempos de hoje, da globalização, são ainda mais propícios às expressões singulares de cada pessoa, aumentando a taxa de estranheza das escolhas. Isso porque estamos em um tempo no qual não há padrões fixos do que se deve fazer, ou do como se pode ter prazer corretamente. Aumenta muito a responsabilidade de cada um de com quem está, em que lugar, e com o que. Está com os dias contados o exibicionismo do objeto de luxo para mostrar poder e exclusividade, a questão não é mais de impressionar o outro, mas de, como um artista, fazer sua opção subjetiva, e incluí-la no mundo.

Felicidade não tem preço, diz a sabedoria popular, não no sentido de ser muito cara, mas de que não é "precificável", de que nunca se acha o justo valor. Os objetos da pura necessidade, espera-se que sejam gratuitos, pois se nos puseram nesse mundo, que nos cuidem, ensinem e abriguem; já os objetos de desejo, que cada um responda.

11 O PREÇO DE UM PRESENTE

Seria assim o amor, dar o que lhe falta a alguém que não lhe pediu isso?

QUE ESPÉCIE DE PRESENTE SERIA AQUELE que não nos lamentamos no momento de dá-lo? Essa é uma pergunta que Sigmund Freud se fez em um pequeno artigo escrito em 1935, intitulado: "As sutilezas de um Ato Falho".

Freud deixa entender a existência, para ele, de ao menos dois presentes: aquele que se dá sem dó, e aquele que nos custa uma tristeza disfarçada no sorriso, no momento da entrega. Curiosamente, a maioria das pessoas não concordaria com Freud, pois pensa, ao contrário dele, no enorme prazer de presentear altruisticamente as pessoas próximas. De como é bom dar, pois é dando que se recebe, blá, blá, blá.

Analisemos a diferença entre as duas atitudes. Dar um presente a alguém com pena, mesmo quando disfarçada, quer dizer que você está dando o que lhe falta; enquanto dar um presente que você imagina faltar ao outro, indica que é ao outro que algo faltava, e que, agora, após o seu presente, vocês dois podem festejar o fato de que a ninguém falta mais nada, além de algum dinheiro na sua carteira. É o que se acredita baseado no pensamento fraterno difundido na expressão, tão valorizada moralmente, de amar ao próximo como a si mesmo, exemplificada em mensagens do gênero: "Tinha comprado isso para mim, imaginei que você também iria adorar".

Estranho é pensar na proposta de Freud que a base de um presente maior é o egoísmo, em vez do seu contrário. Egoísmo de saber que se está dando o que lhe falta, e não os seus dotes. Seria assim o amor, dar o que lhe falta a alguém que não lhe pediu isso? Amar seria dar o que não se tem, como escreveu Platão em seu Banquete, e foi retomado, insistentemente, por Lacan? Pode ser estranho, mas é por demais humano.

Podemos nos perguntar se as duas formas de falar de um afeto, em português: "Se dar com" e "Se dar a", não recobrem as diferenças destes dois presentes. Não é a mesma coisa dizer: "Eu me dou com a Maria" e "Eu me dou a Maria".

Na primeira maneira, temos uma declaração afetiva; na segunda, uma declaração sensual. Na expressão: "Dar-se com", normalmente está subentendida a palavra "bem": "Dar-se bem com". Ao subtrairmos o "com", é algo de si mesmo que passa a ser dado, logo, quem dá, nesse caso, perde. É o que justifica alguém declarar que está perdidamente amando.

Teríamos, então, dois tipos de presentes: afetivo ou sensual. No afetivo, repartimos a mesma identificação, o mesmo bem; é o presente harmônico, tranquilo. No sensual, repartimos nossas diferenças, o que nos falta; é o presente inquieto e insinuante. Um e outro não são comprados com a mesma moeda, e nem se trocam na mesma loja.

Enfim, a cada um desembrulhar o seu presente favorito.

12 ANGÚSTIA DA RESPONSABILIDADE

Você pode ter a tranquilidade de ser um genérico ou a inquietude do exercício do seu talento.

EM UM MUNDO ONDE OS PADRÕES foram quase todos quebrados, o homem não tem mais caminhos preestabelecidos para seguir. Está 'desbussolado'. Eis que surge a angústia da responsabilidade frente às múltiplas opções que o mundo de vanguarda nos oferece.

Segundo o psicanalista Jorge Forbes, este é um dos dilemas mais urgentes do ser humano no século XXI.

Um dos introdutores da psicanálise de Jacques Lacan no Brasil, de quem foi aluno na França entre 1976 e 1981, Forbes afirma que nossa preferência por 'receitas prontas' para se ter alegria derivam justamente da ideia errônea de que felicidade é bem que se mereça.

Forbes critica o que chama de alegria *prêt-à-porter* e diz: "agora, estamos em um mundo onde você tem que se responsabilizar por suas escolhas. Você perdeu a chance de ter desculpas por estar fazendo alguma coisa. Coisas como: 'estou com você por que eu prometi para o seu pai' ou, ainda, 'estou com você para manter nossos filhos' não faz mais sentido".

Com a gentileza de quem sabe seu lugar no mundo, Forbes recebeu a Drops para uma conversa em seu consultório em São Paulo. Confira trechos desta entrevista:

É possível perceber-se alegre? Se sim, que nome damos a este estado aprisionado pela percepção do sujeito?
É importante frisar que nesta pergunta estamos falando de duas coisas: de alegria e felicidade. Acho mais rica a felicidade do que a alegria. A alegria, de um ponto de vista bem genérico, é uma sensação de leveza e de rapidez. Normalmente, alegria e tristeza estão vinculadas à sensação de velocidade ou não e, neste contexto, podem ser percebidas como parte dos processos psíquicos. Processos rápidos dão a sensação de alegria. Um bom exemplo é quando uma pessoa faz ginástica e provoca a liberação de endorfina, que acelera os mecanismos regulatórios hormonais do corpo. Normalmente, a pessoa se sente alegre por causa dessa rapidez. Por outro lado, o que representa a tristeza é a lentidão. Na arte, um dos maiores representantes da tristeza é Hopper (Edward Hopper, pintor norte-americano 1882-1967), onde seus traços com poucos movimentos sugerem lentidão.

Podemos dizer que o Carnaval é uma tentativa de se institucionalizar a alegria?
O Carnaval é um momento dessa velocidade, onde não se dorme, onde encontramos termos como 'trio elétrico' e onde se vende muito energético. Os contatos são rápidos, fugazes, leves. Nos

carnavais mais antigos falava-se que as pessoas tinham 'carta branca'. Isto é, significava que naqueles dias elas não tinham nenhum tipo de vínculo ou âncora e se sentiam 'livres, leves e soltas'. Esta mística do Carnaval sugere alegria porque os indivíduos sentem-se sem lastro. Porém, ninguém conseguiria ficar todo o tempo assim. Sem este lastro, em um belo momento, o indivíduo sentiria a angústia da falta de identidade em meio a esta rapidez tão mutável. Neste sentido, é necessária uma Quarta-Feira de Cinzas, mesmo que ela não seja, como hoje em dia, a própria quarta-feira. Esse dia é necessário para que a pessoa possa se reencontrar e dizer: "que bom que voltei a ser eu mesmo".

Muitas alegrias somadas levam à felicidade?

É importante entendermos que a alegria é uma das manifestações da felicidade. No mundo atual, você tem um apelo muito forte para um tipo de felicidade que chamo de *prêt-à-porter*. Esse tipo de felicidade tem se tornado muito presente porque há não muito tempo ser feliz ou estar alegre era cumprir aquilo que era esperado de você. Até então, tínhamos padrões preestabelecidos de como ser alegre, de como ser feliz. Hoje, no momento em que o mundo tem seu norte quebrado pelo surgimento de uma sociedade da comunicação, do conhecimento, ligada em rede, quebram-se os conceitos universais e as pessoas se sentem fragilizadas frente à responsabilidade de terem tantas opções para realizar o seu desejo. Neste contexto, muitas pessoas preferem abrir mão de seus desejos mais íntimos e substituí-los por um produto pronto. Um exemplo simples é quando se vai ao restaurante para satisfazer a vontade de comer algo e, diante das possibilidades do cardápio, você se pergunta: 'será que era aquilo mesmo que queria comer?'.

Em um de seus artigos, você diz que a felicidade não é um bem que dependa do nosso merecimento. O que isto significa?

A felicidade tem, fundamentalmente, dois aspectos: a felicidade por merecimento e pelo acaso. Aparentemente, a impressão que se tem é que a felicidade por merecimento é superior à felicidade por acaso. Isto porque estamos inseridos em uma moral judaico-cristã que nos convenceu de que para ser feliz você tem de merecer a felicidade. Inseridos neste contexto religioso-cultural, é difícil aceitarmos que a felicidade possa estar onde a pessoa não mereceu. Acredito que essa é uma das coisas mais importantes para se pensar hoje em dia.

O mercado se aproveita dessa desorientação para vender 'alegrias preestabelecidas'?

Alegria é um dos melhores produtos para serem vendidos. Alegrias, esperanças e certezas são coisas que hoje se vende muito bem. Em um mundo sem padrões de merecimento, as pessoas sofrem daquilo que chamo 'desbussolamento'. Digo isso porque nos últimos 30 ou 40 anos sofremos a passagem de um mundo que nos dava critérios que permitiam saber por onde deveríamos ir, por onde cada um de nós podia se garantir. Era um mundo vertical que oferecia padrões bastante rígidos. Tínhamos padrões de família, que informavam o papel do pai; na empresa, sabíamos o papel do chefe; no país, qual era o sentido de pertencer à pátria. Todos estes padrões estáveis ruíram. Na família, não há mais o poder do pai, nas empresas tem-se as fusões e parcerias e o país passou a estar inserido nos mercados comuns. Neste novo contexto, os limites foram quebrados e as pessoas agora têm multiplicidade de possibilidades.

Esta possibilidade de múltiplas escolhas gera angústia?

Sem dúvida. Com elas, muitas pessoas vivem mal porque se angustiam quando tem que optar. Estamos em um mundo onde você tem que se responsabilizar por suas escolhas. Você perdeu a chance de ter desculpas por estar fazendo o que faz. Coisas como: 'estou com você por que prometi para o seu pai' ou, ainda, 'estou com você para manter nossos filhos'. Hoje, não se tem mais necessariamente estas desculpas. Nesse contexto, aqueles que oferecerem um programa preestabelecido que diga que para ser feliz é preciso cumprir tais e tais pontos, encontrará um mercado ávido para essas cartilhas e elas, de uma certa forma, têm nome, são os livros de autoajuda. Diante deste mercado, estou em verdadeira 'campanha' contra esses livros (risos).

Neste segmento, os livros de 'autoajuda corporativa' parecem ter crescido muito nos últimos anos?

Como as pessoas estão perdidas e a responsabilidade da opção gera uma angústia muito grande, todos aqueles que oferecem um caminho, uma fórmula pronta, um remédio, seja de base química ou ideológica, terão muita aceitação. Tornou-se comum pessoas que se destacaram como 'líderes de sucesso', depois que deixam suas empresas, se notabilizarem como gurus corporativos. Chega a ser incompreensível que empresas competentes na produção daquilo que as perpetuam no mercado, para melhorar a 'qualidade' do seu pessoal, acabem gerando um 'estrago mental' em seus funcionários.

Há muito de religioso nas palestras corporativas?

Sim. Em síntese, o ser humano 'desbussolado' dos nossos tempos tem a sua frente dois caminhos: o 'reacionário' e o que chamo de 'caminho de vanguarda'. Claro que a maior parte prefere o reacionário. Por que? Justamente porque seguir o caminho de vanguarda angustia logo de cara. Esta escolha leva você a ter de inventar seu próprio caminho e se responsabilizar por ele. Noventa e nove por cento das pessoas não querem isso. Elas preferem se 'religar', seja por respostas prontas dos livros de autoajuda ou pela escolha de um caminho onde não há dúvidas.

O que caracteriza esta alegria reacionária?

Ela se resume a ser *prêt-à-porter* e funciona como na construção do desejo por aqueles que te convencem que é ótimo levar seus filhos a passar férias na Disneylândia. No contexto do imaginário, é ótimo passar as férias lá, até o dia em que você vai (risos). Noutro exemplo, é a alegria de uma mulher ao comprar uma bolsa muito exclusiva, até o dia em que ela entra na classe executiva de um voo internacional e vê que todas as mulheres estão com a mesma bolsa. Só de falar no exemplo da 'exclusividade da bolsa' todos sabem a que bolsa estou me referindo. De exclusivo ela não tem nada. Essa alegria vendida tem perna curta e dura o tempo de uma dose de uísque ou de caipirinha. Neste contexto, depois do primeiro 'livro de autoajuda' se tem uma infinidade de outros derivados dele. É um mercado infindável.

"A psicanálise entende que a angústia é fundamental para o ser humano. Se ela é causa de doenças, é também causa da criação." Estes geradores de alegrias são viciantes?
Sim. Assim que você realiza uma compra, passa a pensar no crediário da próxima e esta alegria se mantém em um grau de ilusão contínua onde a pessoa é levada a se alienar. É como no alcoolismo. O mercado tenta fazer uma distribuição de alegrias *prêt-à-porter* porque elas são vendáveis. Porém, o mundo está caminhando para um outro tipo de alegria, que é aquela que não vem do merecimento, já que a alegria vendável substitui com muita propriedade este tipo de alegria. Afirmações do tipo: 'Você merece

ter suas férias em Aruba' tomou o lugar do quadro de honra que você recebia na escola. Por outro lado, há vários autores entre os quais eu quero me incluir modestamente, porque a companhia é bela, como Lacan e Giorgio Agamben, que defendem que felicidade não é bem que se mereça. O Agamben tem uma frase que acho sensacional. Ele diz: "É uma desgraça sermos amados por uma mulher porque a merecemos! E como é chata a felicidade que é prêmio ou recompensa por um trabalho bem feito!".

Pensar que a felicidade não depende de nenhum merecimento também não nos deixa sem orientação?
Neste caso, a pessoa se defronta com algo que nenhum de nós consegue escapar. É a responsabilidade frente à própria felicidade. E isto não está escrito em nenhum manual, enquanto que a felicidade *prêt-à-porter* é um tipo de prática que está inscrita na civilização. Porém, o homem está sempre em desequilíbrio frente à civilização e as maiores alegrias são aquelas onde você, por algum momento, consegue viver além da civilização. O sonho e a magia vão além da civilização. São processos nos quais você diz 'como é que eu posso suportar tanta felicidade?'. Isto porque este tipo de felicidade, que nasce da surpresa, sempre põe em dúvida a sua identidade, que é calcada na civilização. Então, quando você recebe isto, sim, você se sente perdido.

Existe o medo de não se ter controle sobre a felicidade?
Os franceses, por exemplo, chamam o orgasmo de *petit-mort* (pequena morte). Por isto que os amantes no momento de orgasmo se agarram. Não é apenas carinho, se agarram também por que sentem medo de 'cair', de se 'perder'. Uma das frases habituais, e quem já esteve lá sabe do que estou falando, é 'me segura forte, me aperta'. O 'me aperta' quer dizer: 'estou com

uma sensação de enlouquecimento, estou me deparando com uma felicidade pela qual não sei me responsabilizar'.

De que modo a psicanálise pode aliviar a angústia gerada por esta responsabilidade?
Muitas pessoas vêm fazer análise para enxergar suas dificuldades. É óbvio que enxergar seus problemas é uma parte importante da análise. No entanto, o mais interessante da minha prática não é tanto ver as dificuldades das pessoas, os problemas e seus sintomas, porque os sintomas são sempre solidários. A maior dificuldade das pessoas é suportar a felicidade que ultrapassa sua própria identidade.

A mulher é mais dependente da alegria *prêt-à-porter* do que o homem?
Ao contrário, o homem depende muito mais do que a mulher. A mulher é uma grande consumidora deste tipo de alegria: ela é muito 'infiel': *la donna é móbile*. Já o homem é mais fiel, quero dizer, aquele que acredita em Jack Welch, acreditará sempre. A mulher tem um 'guru' hoje e outro na semana que vem. A grande dieta que ela descobriu dura uma semana. Na outra, se alguém disser que tem um a melhor, lá vai ela.

No consultório há muitos desesperançados que dependem deste tipo de alegria?
Sim, mas eles vão muitas vezes às 'disneylândias' antes de procurarem a análise. Isto é, a primeira opção não é fazer análise. Não tenho nada contra as 'disneylândias', apenas sou contra a postura ideológica como elas são apresentadas. As pessoas sempre acham que a divisão subjetiva, a dúvida, constitui um defeito. Então, imediatamente elas tentam uma cataplasma, um tipo de sutura. Quando a sutura não funciona mais, a maioria

resolve integrar a dúvida à vida e não mais afastá-la como um vírus a ser eliminado.

Qual a melhor escolha então?
Acredito que você tem duas possibilidades. Uma é você exercer o seu talento e pagar o preço por ter a coragem de enfrentar a angústia da indefinição. A outra, é você se acovardar frente às múltiplas escolhas e virar um genérico. Temos, de um lado a alegria do talentoso e, de outro a alegria genérica. Cada um deve saber o que merece na vida. Você pode ter a tranquilidade de ser um genérico ou a inquietude do exercício do seu talento. Porque talento todo mundo tem, só que o maior inimigo do talento é a covardia.

E na psicanálise, é possível dissociar a alegria da melancolia, no sentido de fortalecer uma e encerrar a outra?
Há uma grande diferença entre psicanálise e psicoterapia. As psicoterapias promovem o exercício da alegria *prêt-a-porter*. Elas querem, na maioria das vezes, tirar a angústia das pessoas e acomodá-las em uma falsa harmonia. A psicanálise não quer desangustiar ninguém. Ela entende que a angústia é fundamental para o ser humano. Se ela é causa de doenças, é também causa de criação. Ninguém cria nada se não estiver angustiado.

13 FELICIDADE NÃO É BEM QUE SE MEREÇA

Para alcançar a felicidade é necessária uma boa dose de ousadia e coragem, e não se medir pela expectativa do que esperam de você.

FOI UM IMPACTO QUANDO LACAN AFIRMOU, no final de seu ensino, que uma análise ia até a felicidade do paciente. Que felicidade? Como discernir esse momento? Este texto trata disso: da felicidade possível frente ao Real, que se consegue em uma psicanálise, fora da moral tradicional do merecimento.

Felicidade é um tema mais comum a livros de autoajuda, de livrarias de aeroporto, que assunto de encontro de psicanalistas. Ao contrário do sorriso bondoso que carregam os arautos da felicidade, os analistas se apresentam normalmente com o ar de ceticismo daqueles que conhecem o desejo, a saber, que alguma coisa sempre lhe estará faltando, mesmo se você ainda não tiver descoberto. É o que faz, também, que cara de felicidade seja associada à tolice, e que cara fechada seja vista como sinal de seriedade.

Nesse ambiente, foi uma surpresa quando Jacques Lacan[1], em uma conferência na Universidade de Yale, em 24 de novembro de 1975, afirmou sobre o final de análise, lembrando só poder testemunhar desde a sua clínica, que: "Uma análise não deve ser forçada até muito longe. Quando o analisando pensa que está feliz da vida, é o bastante" (p. 15).

Jean-Pierre Deffieux[2], nosso colega de Bordeaux, em um artigo chamado "Reflexões sobre um dito de Lacan em Yale, em 75" chama a atenção ao fato de como é contrastante essa posição de Lacan, nesse ano, daquela que tinha no Seminário da Ética, quinze anos antes, quando dizia que o neurótico visa a felicidade ao preço de seu desejo e, no tratamento psicanalítico, ele tem a oportunidade de encontrar o caminho de seu desejo, ao preço de sua felicidade. Deixemo-nos interrogar pela frase de Yale.

Por que não forçar uma análise muito longe? Porque nesse tempo dessa conferência, que é o mesmo do Seminário sobre o Sintoma, Lacan entende que a amarração edípica dos três registros, RSI (Real, Simbólico, Imaginário), não é suficiente para defender o paciente de uma desamarração seguida de uma "normalização", entenda-se, do desencadeamento de uma psicose.

Assim, o ponto de referência, o ponto de basta, seria "quando o analisando pensa que está feliz na vida". Mas, em vários momentos – ingenuamente poderíamos contestar – um analisando pensa que está feliz na vida. É mesmo a razão de muita discussão no Campo Freudiano dos efeitos terapêuticos rápidos de uma análise. Seria isso o final de uma análise, um efeito terapêutico rápido, que tão bem conhecemos? Seguramente, não. "Pensar estar feliz na vida" necessita ser precisado.

Podemos depreender, sempre da conferência americana, e concordando com Deffieux, que uma análise iria de um sintoma, neurótico, no caso, que "permite viver", cito Lacan, a pensar estar "feliz na vida". Proponho que devemos entender essa vida, como o faz Jacques-Alain Miller[3] em seu curso de 1998/1999, "A experiência do Real no tratamento psicanalítico", aula do dia 19 de maio: "Só me interesso pela vida (em psicanálise), na sua conexão ao gozo e enquanto ele possa merecer ser qualificado de Real" (p. 319). Logo, não se trata de alcançar nenhuma felicidade moral ou filosoficamente determinada, pois "Felicidade não é bem que se mereça", mas de se obter em uma análise um remanejo do analisando com o seu gozo, que ele encontre um certo acordo com o seu modo de gozar (JPD).

Como, então, passa-se em uma análise, da aflição causada pela linguagem, para uma certa felicidade? Como enfrentar o ratear intrínseco ao sexual, que não encontra paz na linguagem, que é um buraco do Real, que não tem nome, nem nunca terá, como o cantam Chico e Milton? Se tomarmos a felicidade como o bom encontro, o que é necessário para um bom encontro com o Real, com o Real do Outro, como o diz Lacan?

Busquei exemplos em dois autores muito diferentes: um, já falecido, o escritor e grande estilista da língua francesa, amigo de Jacques Lacan, Michel Leiris; outro, o filósofo e jurista italiano, nosso contemporâneo, Giorgio Agamben.

Tomo de Leiris[4] um capítulo de seu livro "Biffures", capítulo chamado "... Reusement!", "... Indabem"[5], na tradução de Alain Mouzat. Um menino, o próprio autor, está muito angustiado por ter derrubado seu soldadinho no chão.

Rapidamente, me abaixei, apanhei o soldado jazido, apalpei, e olhei. Ele não estava quebrado, e viva foi minha alegria. O que expressei exclamando: "… Indabem!"

Nesse cômodo mal definido – sala de visita ou de jantar, salão nobre ou sala comum –, nesse lugar que não era senão o lugar da minha brincadeira, alguém com mais idade – mãe, irmã ou irmão mais velho – estava comigo. Alguém mais avisado, menos ignorante do que eu era, e que me fez observar, ao ouvir minha exclamação, que o que se deve dizer é "ainda bem" e não, assim como eu o tinha feito: "Indabem!".

A observação cortou minha alegria ou, melhor – me deixando um breve instante pasmado – não demorou em substituir a alegria, pela qual meu pensamento tinha sido inicialmente preenchido por inteiro, por um sentimento curioso, do qual mal consigo, hoje, desvelar a estranheza.

Não se diz "… indabem", e sim "ainda bem".

Essa palavra, empregada por mim até então sem nenhuma consciência de seu sentido real, como uma interjeição pura, está ligada a "ainda" e, pela virtude mágica de tal aproximação, se viu inserida de repente em toda uma sequência de significações precisas. Apreender de uma vez na sua integridade essas palavras que antes eu sempre tinha arranhado tomou uma feição de descoberta, como o rasgar brutal de um véu ou o ofuscar de alguma verdade. Eis que esse vago vocábulo – que até o presente me tinha sido totalmente pessoal e permanecia como fechado – ficou, por um acaso, promovido ao papel de elo de um ciclo semântico.

Ele não é mais agora coisa minha: participa desta realidade que é a linguagem de meus irmãos, de minha irmã, e a de meus pais. De coisa própria a mim, tornou-se coisa comum e aberta.

No chão da sala de jantar ou de visita, o soldado de chumbo ou de papel machê, acaba de cair. Eu exclamei: "… Indabem!"

Corrigiram-me. E, por um instante, permaneço pasmado, entregue a uma espécie de vertigem.

Leiris se viu roubado em sua palavra íntima que nomeava tão bem o seu gozo, viu-a, angustiado, desaparecer na trama da linguagem: "tênue tecido de minhas relações com os outros, me ultrapassa, estendendo para todo lado suas antenas misteriosas". Assim ele conclui o texto.

Tal como o cidadão Kane[6], todos nós temos uma "Rosebud" (a jamais ser traduzida por botão de rosa) perdida em algum lugar da infância, não no sentido de quando éramos pequenos, mas, lembrando da etimologia da palavra, do lugar em que a fala falta, in-fans.

É o que nos faz ir a Agamben[7], em texto recente publicado no livro Profanações: "Magia e Felicidade".

Ele se delicia com o tema afirmando: "O que podemos alcançar por nossos méritos e esforços não pode nos tornar realmente felizes. Só a magia pode fazê-lo". É de levar Kant a se revirar em seu descanso, pois para esse pai do Iluminismo, ali citado, a felicidade é algo destinada aos dignos de merecimento, assim: "O que em ti tende ardorosamente para a felicidade é a inclinação; o que depois submete tal inclinação à condição de que deves primeiro ser digno da felicidade é a tua razão".

Por que magia? Continuando nas Profanações, lemos:

Mas de uma felicidade de que podemos ser dignos, nós (ou a criança em nós) não sabemos o que fazer. É uma desgraça sermos amados por uma mulher porque o merecemos! E como é chata a felicidade que é prêmio ou recompensa por um trabalho bem feito! (p. 24).

Faz-se necessário entender tamanho ataque ao senso comum, que questiona os princípios elementares da educação das crianças e a boa postura dos adultos. A resposta está no fato de que: "Quem é feliz não pode saber que o é; o sujeito da felicidade não é um sujeito, não tem a forma de uma consciência, mesmo que fosse a melhor". (p. 24) Dois aspectos são aqui relevantes: primeiro é que felicidade não progride, nem se acumula, pois se assim fosse acabaríamos estourando em sua plenitude. Pensar então que hoje somos mais felizes que nossos antepassados é tão falso quanto o contrário, que ontem é que era bom, como insistem os saudosistas. Segundo, a felicidade se dá no acaso, no encontro, na surpresa, daí dizer que ela foge à consciência, que ela é uma magia. Magia poderia ser, quando o significante recupera o seu poder Real, tal como almeja Lacan,[8] em 17 de maio de 1977: "Por que não inventaríamos um significante novo? Um significante, por exemplo que, não teria, como o Real, nenhuma espécie de sentido?"

Volto a Agamben: "Cada coisa, cada ser, tem, além de seu nome manifesto, um nome escondido, ao qual não pode deixar de responder. Ser mago significa conhecer e evocar esse arquinome" ... "O nome secreto era o nome com o qual a criatura havia sido chamada no Éden, e, ao pronunciá-lo, os nomes manifestos e toda a babel dos nomes acabaram aos pedaços" ... "A magia não é conhecimento dos nomes, mas gesto, desvio em relação ao nome" ... "Logo que inventa um novo nome, ela, a pessoa, ostentará um passaporte que a encaminha à felicidade. E então podemos entender a frase de Kafka: "Se chamarmos a vida pelo nome justo ela vem, porque esta é a essência da magia, que não cria, mas chama".

O curioso é que para ser feliz, para um momento feliz, pois são sempre momentos e não essências, há que se suportar a sensação de quebra de identidade que fatalmente ocorre. Razão que explica que para alcançar a felicidade é necessária uma boa dose de ousadia e coragem, e não se medir pela expectativa do que esperam de você. Em uma análise, felicidade é suportar o inesperado.

Concluo com um exemplo da clínica de Lacan relatado por seu analisando Alain-Didier Weill[9], quando mostra que se chamarmos a vida pelo nome justo ela vem.

"Eu lhe dizia, em uma sessão, meu desespero frente ao fato do Conselho de Estado ter acabado de me recusar – pela terceira vez, em quinze anos – meu pedido de retomar o patronímico "Weill". Eu o havia perdido depois que meu pai e certo número de judeus traumatizados pela guerra tinham acreditado que deviam abandonar o patronímico para proteger seus descendentes de medidas antissemitas.

"Nesse dia, abandonado pelo Estado e por seu Conselho, ao qual eu não poderia mais recorrer, eu me vi dizendo sobre o divã que não me restava outro recurso que de decidir, sozinho, de me chamar "Didier-Weill". – "Trata-se de dizer!", assim Lacan concluiu a sessão. Sim, tratava-se de dizer. Mas como e para quem?

> **Três dias mais tarde, colóquio da Escola Freudiana de Paris, eu devia intervir. Nesse dia, Lacan, presidente da mesa, me convida a subir à tribuna, na minha vez de falar: "Didier-Weill, é com você!". Como ele havia dito três dias antes, tratava-se de dizer, e ele acabava de fazê-lo. Ele acabava de nomear um nome que estava em desuso e que deixava, dessa maneira, de estar em desuso. (p.38)**

Enfim, se soubermos chamar a vida pelo nome, e não por qualquer disciplina de adaptação, ela vem. E isso porque felicidade não é bem que se mereça, indabem.

NOTAS

1 LACAN, J. "Conférences et entretiens dans les universités nordaméricaines – Yale University, Kanzer Seminar", 24 nov. 1975, Scilicet, n. 6/7, Paris: Éditions du Seuil, 1976, 5-37.

2 DEFFIEUX, J.-P. **Reflexões sobre um dito de Lacan em Yale, em 1975.** Publicado em 5 de nov. 2005 na lista eletrônica da ECF.

3 MILLER, J.-A. O autor se valeu da transcrição original, em francês, que não está publicada oficialmente. Existe, todavia, uma versão em espanhol, em livro: A experiência de lo real en la cura psicoanalítica, 1998-1999. Buenos Aires: Paidós, 2008.

4 LEIRIS, M. "... Reusement!". *In*: **Biffures**, Paris: Gallimard, 1948/1975, p. 9-12.

5 LEIRIS, M. Indabem. *In*: **Biffures**. Tradução de Alain Mouzat. Paris: Gallimard, 1991.

6 Cidadão Kane, filme dirigido por Orson Welles, 1941.

7 AGAMBEN, G. Magia e felicidade. *In*: Profanações. São Paulo: Boitempo, 2007, p. 23-25.

8 LACAN, J. **Seminário 24 – L'insu que sait de l'une-bévue s'aile à mourre**, 1976-1977. (Transcrição)

9 DIDIER-WEIL, A.; SAFOUAN, M. Lacan l'étonnant. *In*: **Travailler avec Lacan**. Paris: Flammarion, 2007.

14 O CHATO E O POETA

Seriam os temas que escolheriam para tratar que marcariam a diferença entre atrativos e desinteressantes?

FREUD SEMPRE SE PREOCUPOU COM COISAS SIMPLES, característica dos gênios: achar o novo no que todo mundo vê, mas que não enxerga. Entre suas simplicidades, ele escreveu dois artigos em 1908 que sempre me chamaram a atenção pelo tema que abordam e que assim eu resumiria: por que tem tanta gente chata no mundo, aquela que começa a contar um caso e já vai dando sono, e tem gente interessante, que contando a mesma história nos desperta e interessa?

Os dois textos são complementares, chamam-se: A Novela Familiar do Neurótico (Romances Familiares) e O Poeta e o Fantasiar (Escritores Criativos). Bastam os títulos para termos uma ideia da anteposição entre o neurótico e o poeta, para o vienense. Freud se pergunta o que diferenciaria o poeta – no sentido geral daquele que cria e não só o que compõe versos – do homem comum, genericamente, o neurótico. Seriam os temas que escolheriam para tratar que marcariam a diferença entre atrativos e desinteressantes? Um só falaria de coisas importantes e universais e o outro de sua vidinha? A resposta é não, mesmo porque estamos sempre contando a mesma história, ou melhor, tentando completar uma história esburacada, a nossa. O que os diferencia é o tratamento dado ao texto. Um, o neurótico, é invejoso de sua história, ela é só sua: o interlocutor tem que entendê-la tal qual, nos mínimos detalhes, arriscando inclusive ter que responder a uma sabatina para provar a boa atenção. O que ele teme é que vejamos suas fantasias pessoais naquilo que nos diz. "Sentiríamos repulsa, ou permaneceríamos indiferentes ao tomar conhecimento de tais fantasias", escreve o psicanalista. O escritor criativo, por sua vez, "quando nos apresenta suas peças, ou nos relata o que julgamos ser seus próprios devaneios, sentimos um grande prazer, provavelmente originário da confluência de muitas fontes." Freud conclui da seguinte maneira sua reflexão sobre o efeito que um texto interessante nos causa: "A satisfação ... talvez seja devida à possibilidade que o escritor nos oferece de, dali em diante, nos deleitarmos com nossos próprios devaneios, sem autoacusações ou vergonha."

Sabido o que diferencia um relato do outro, fica a pergunta de como consegui-lo. Partindo da questão da autoacusação, analisemos. A primeira ideia, a mais banal – e equivocada – seria dizer que o poeta, sempre no amplo sentido, é um desaforado, um sem-vergonha. Nada disso. Melhor será notar que o poeta está mais livre do peso da expectativa do outro sobre ele, que um homem comum. Ele não fica tentando controlar como o outro vai entender o que ele diz; seria até engraçado imaginar a cena de um escritor que tentasse ao mesmo tempo escrever e impor como deveria ser interpretado. O poeta não teme o mal-entendido porque aprendeu que ele não é um erro, é estrutural da espécie humana, como demonstrou Lacan. E se a segurança não vem do "o que o outro vai pensar de mim", de onde ela vem? Exatamente da certeza constitutiva do mal-entendido que o faz trocar o julgamento do outro, frente ao qual somos invariavelmente culpados, por uma responsabilidade singular, que o leva a criar histórias que recobrem frouxamente o espaço do sem palavra. 'Poeta' vem do termo *poiesis*, justamente: criar, inventar, fazer. Por uma história de um neurótico, ninguém passa, só assiste; por uma história de poeta, muitas outras histórias passam. Com sua posição de responsabilidade ética, e por sua estética aberta, generosa, o poeta faz com que nós também nos livremos das autoacusações acachapantes e nos arrisquemos a inventar soluções mais singulares a nossos desejos.

Deixo para comentar futuramente um terceiro tipo de texto, o psicótico. Seria, falando brevemente, aquele escrito sem pé nem cabeça, do qual só se depreende ruído de palavras e nenhum efeito de sentido. Adianto que não se deve confundir texto psicótico, com o quadro psicopatológico. Escrito psicótico não é aquele escrito por um psicótico.

E, para finalizar, uma lembrança. Com facilidade podemos extrapolar o que comentamos sobre os textos, para os relatos das pessoas em geral. Quem diria que, além de nos explicar, Freud deu dicas para um mundo menos chato?!

15 *ECCE HOMO*

Pobres homens, a pós-modernidade não lhes é em nada tranquila.

Fabiana Mascarenhas, jornalista, entrevista Jorge Forbes para o site **A Tarde**.

"NÃO SE FAZEM MAIS HOMENS COMO ANTIGAMENTE", reclama a velha senhora na soleira de sua porta, ao ver chegar o amigo da sua neta, encostando o carro. Arrumado demais, combinado demais, manso demais, indeciso demais, enfim – ela não quer confessar, mas caraminhola baixinho – o moço lhe parece feminino demais.

A velha senhora tem alguma razão em observar que os homens, hoje, não são feitos da mesma maneira da qual ela estava habituada. Intuitivamente, ela nota – mesmo que não aceite – que a identidade humana é maleável, que muda conforme o tempo, abraçando o relevo da paisagem de sua época.

Estamos assistindo a uma mudança de um período no qual o laço social que era vertical, gerando estruturas piramidais – o que provocava o estabelecimento de relações hierárquicas e padronizadas – passa a uma nova situação, na qual as relações humanas são horizontais e múltiplas, em tudo, muito diferentes dos modelos estáveis anteriores. No que toca à identidade masculina, ela passou de uma inflexibilidade poderosa, coerente com a verticalidade disciplinar do mundo de ontem, para uma participação interativa flexível, exigência do tempo presente. Traduzindo em miúdos: um homem era visto, caricaturado e admirado como alguém forte e firme em suas decisões – sem frescuras, sem dúvidas, sem titubeios – inflexível em sua vontade pétrea, como se elogiava barrocamente. Agora, nesses novos tempos, mais importante que dar ordens é convencer e seduzir; melhor que ser sempre igual, é mostrar-se criativo, respondendo diferentemente, conforme o aspecto de cada situação. Para as novas exigências, a carapaça do típico macho envelheceu, se despregou do seu corpo, caiu, e ele se vê tão perdido quanto cobra trocando de pele, ou siri que ficou nu e tem medo de ser catado. Reage atordoado procurando novas formas de ser e aparecer que lhe devolvam a segurança perdida; hipertrofia os traços machistas em academias fabricantes de abdomens tanquinhos, ao mesmo tempo em que vai perdendo a vergonha de confessar seu interesse no melhor creme, na cirurgia plástica, na mais atraente e chocante combinação de roupa.

Pobres homens, a pós-modernidade não lhes é em nada tranquila. Enquanto as mulheres nadam de braçadas, pois o detalhe, a singularidade, o inusitado – características próprias à horizontalidade despadronizada – são a sua praia, os homens sofrem, se angustiam, por se verem sem a bússola do dever bem definido que lhes orientava tão corretamente e, tanto quanto aquela velha senhora, também desconfiam de sua própria sexualidade. Buscam os mais diversos consolos, alguns bem engraçados e paradoxais, como os grupos do Bolinha: confrarias das mais diversas, mais comuns as de vinho e as de comida, que, sob o manto disfarçador do refinamento do gosto, escondem a mais básica vontade de perguntarem uns para os outros como cada qual está se virando diante dessa verdadeira revolução. Isso, quando não contratam treinamentos supostamente disciplinadores e eficientes de tropas de elite, que tentam loucamente instalar em suas empresas, onde gostam de se travestir em generais incontestados, fazendo que os funcionários incomodados "peçam para sair", tal como aprenderam naquele filme de sucesso.

Pouco a pouco, ficará claro para a maioria que a masculinidade não se baseia em nenhum grupo de iguais – sejam eles confrarias ou exércitos –, mas, tudo ao contrário, na possibilidade de suportar a expectativa da diferença, aquela representada pelo enigma de uma mulher frente a um homem. De nada vai lhe adiantar querer calá-la – ou calá-lo, o enigma – com alguma resposta pronta do gênero de bolsas ou perfumes de marcas supostamente exclusivas – mas em algo tão singelo, quão difícil: sabendo fazê-la rir, sonhar, se surpreender.

Ecce Homo.

16 EU PRECISO DE VOCÊ

Podemos nos livrar de muita coisa na vida, mas não da gente mesmo, em especial desse ponto íntimo desconhecido, promotor de nossas paixões.

A JORNALISTA ME PERGUNTA IMPRESSIONADA a razão de novas pesquisas constatarem que, contrariamente ao que muitos esperavam, o povo da internet cada vez mais associa seus passeios na rede com a necessidade de estar junto. Esse fato relativiza as críticas morais que bradam ameaçadores avisos anunciando que o mundo estaria perdido, pois a www (*World Wide Web*) seria uma teia perigosíssima que estaria aprisionando nossa pobre juventude, em um isolacionismo narcisista e emburrecedor.

Essa notícia chega ao mesmo tempo em que o Papa se precipita em condenar um aplicativo para *smartphones*, por meio do qual o fiel antenado se confessaria *on-line*, sem a necessidade de se ajoelhar na madeira dura de um confessionário escurecido por muitos pecados ali penitenciados. Ao menos dessa vez, ufa!, o Papa mostrou que "tá ligado", pois a *web* não substitui a presença física.

Na mesma vertente, podemos falar da repetitiva pergunta se é possível fazer análise por Skype, ou serviço semelhante, sem ter que se preocupar com o terrível trânsito das grandes cidades, bem como se garantir em ter seu analista à mão, ou melhor, na tela, entre um mergulho e outro, em uma ilha paradisíaca, do outro lado do mundo.

Não dá. Há um quê na presença física que é insubstituível. E se dizemos "um quê" é exatamente pelo fato de não podermos precisar o que é isso da presença física que não sabemos traduzir em nenhum idioma e por nenhum meio, razão pela qual não a podemos substituir, pois, como celebrou Michel Foucault: "a palavra é a morte da coisa"; se falamos de algo, substituímos o algo pela palavra e não precisamos mais dele.

Em um mundo que quebrou os paradigmas cartesianos de espaço e tempo, jogando-nos no furacão do ilimitado sem fronteiras, não há nada a estranhar na necessidade da presença física do outro, do corpo do outro, do seu enigma, do cheiro, cor, som, movimento, textura, olhar, que não sabemos traduzir em *bytes*. Esse enigma do outro é o remédio para a angústia tão atual, por nos termos visto transformar em habitantes de lugar nenhum.

Seis mil moças e moços *geeks* se acotovelaram por uma semana, em São Paulo, em uma festa chamada *Campus Party*. Seis mil! em um pavilhão de exposições. É tão importante estarem juntos, que um nipo-brasileiro, morando ao lado do local da festa, trocou o conforto de seu quarto, por uma tendinha de campanha, verdadeiro elogio do desconforto.

A presença do outro nos remete ao mais essencial de nós mesmos. Se fôssemos honestos, parodiando Vinícius, jamais diríamos expressões do gênero: "no meu íntimo". E isso porque o que nos escapa é exatamente o nosso íntimo. Diríamos, melhor, com Lacan: "no meu êxtimo", sim, porque o meu íntimo me é tão estranho – quem já passou por uma análise sabe bem o que estou descrevendo – que melhor chamá-lo de êxtimo, clara alusão ao estranho e ao externo de si mesmo, que habita cada um.

Podemos nos livrar de muita coisa na vida, mas não da gente mesmo, em especial desse ponto íntimo desconhecido, promotor de nossas paixões, essa força estranha vivida na sensação do "mais forte que eu". A presença física do amigo, do amado, do familiar, do próximo, nos reconecta com esse ponto fundamental, âncora de nossas existências, ponto transcendente de nossa imanência, se quisermos nos valer do discurso da Academia.

Nesse mundo de aparente tudo pode, e de em tudo estou, não por isso devemos nos assustar que ao lado do aumento dos acessos aos meios virtuais, vejamos crescer em paralelo os lugares de encontro físico, sejam eles *campus parties*, igrejas, consultórios, bares, cruzeiros. Os motivos são variados e o que neles se realiza, também, mas a necessidade é uma só: estar junto. Na era da pós-modernidade, onde o laço social das identificações é predominantemente horizontal, nos damos conta que o principal afeto, o mais fundamental afeto, é o da amizade. Cada pessoa precisa de alguém que o ajude a chamar o seu êxtimo, de meu íntimo.

17 CETEMQUE

Os cetemques estão em toda parte, especialmente em revistas chamadas de qualidades de vida e em malfadados livros de autoajuda.

"CETEMQUE" É A NOVA PALAVRA DO VOCABULÁRIO CONTEM-PORÂNEO. Você vai almoçar, cetemque evitar comer carne; você vai comprar um carro, cetemque blindá-lo; você vai trabalhar, cetemque passar na academia; você vai viajar, cetemque ir no quadrado, no triângulo, no redondo; você vai comprar, cetemque ir no novo shopping; você vai educar, cetemque por em tal colégio; você vai ler, dormir, conversar, enfim, até se você for amar, tem um cetemque pronto para você.

Os cetemques estão em toda parte, especialmente em revistas chamadas de qualidades de vida e em malfadados livros de autoajuda. É preocupante e assombroso o sucesso dessas publicações que fazem a alegria de suas editoras e de livrarias que se arrogam da cultura e que ainda têm o pejo de dizerem que estão formando leitores. De fato, cetemques vendem muito, pois vivemos uma época em que – desbussoladas pela globalização que lhes tirou os confortáveis padrões de comportamento das gerações anteriores – as pessoas se sentem iguais a galho de enxurrada, se amarrando aqui e acolá, ao vai de uma maré que não sabem enfrentar a não ser com a boia enganadora de um cetemque.

O duro é seguir o que lhe indica os cetemques. Rapidamente você se dará conta que eles são contraditórios; se um manda ir para o norte, imediatamente outro lhe ordena o sul; um para o leste, outro para o oeste; e nessa contemporânea rosa dos ventos, quem se vê despetalado é você que resolveu seguir a falsa inteligência dessas fórmulas banais e reducionistas do saber viver.

Assim, os cetemques são muito caras de pau: hoje afirmam algo, amanhã afirmam o seu contrário, na maior tranquilidade. Se questionados vão te explicar indulgentemente que foi o progresso da ciência que lhes fez mudar de ideia. Cetemques adoram começar uma explicação dizendo: "As mais recentes pesquisas mostram que...". Eles fazem o que se chama em semiótica de camuflagem subjetivante, pois as pesquisas não mostram coisa alguma que não passe pela interpretação do pesquisador. Por isso que você enlouquece se resolver consultar dois ou três médicos com os mesmos exames na mão. Você verá como para cada um o resultado é completamente diferente de para o outro, e o cliente acaba com três diferentes cetemques.

Teve um político muito conhecido, foi até presidente, que dizia levar em seu paletó um bolso para os cetemques. A cada cetemque que ouvia, agradecia e punha no bolso. À noite, escondido de tudo e de todos, desaparecia com os cetemques daquele dia. Literalmente, como dito, punha os cetenques no bolso e não na preocupação.

Não há uma só forma de lidar com os cetemques, cada um tem que descobrir qual é a sua. O que podemos afirmar é sobre a pior: ser escravo da expectativa que geram os cetemques. Muito, mas muito melhor é suportar a angústia da escolha propiciada por um mundo múltiplo, como o atual, e inventar para si uma ação mais perto do seu desejo. Aí está: o melhor antídoto para o vírus emburrecedor dos cetemques é o se arriscar a responder às indicações evasivas do seu desejo.

18 MULHERES INSATISFEITAS E ALGUNS HOMENS

Mulheres se satisfazem na diferença, no detalhe. Homens, ao contrário, gostam da ordem unida, do grupo, da massa.

AS MULHERES SÃO BASICAMENTE INSATISFEITAS, o que equivale a dizer que são basicamente desejantes. Pessoas satisfeitas não desejam, por que o fariam? Fundamentalmente insatisfeitas, elas apontam uma satisfação possível no que ainda virá, no amanhã. Dizê-las sonhadoras vem daí, desse olhar esperançado para um mais além.

Mulheres se satisfazem na diferença, no detalhe. Homens, ao contrário, gostam da ordem unida, do grupo, da massa. Mulheres não querem encontrar um vestido igual ao seu, em uma reunião. Homens, por sua vez, adoram o uniforme. No trabalho: terno e gravata ou o macacão. E nas festas, uniforme de festa: o *smoking* preto e branco que, se for alugado, será melhor ainda.

Mulheres têm vários gozos na cama, homens tendem a um só, que esmaece em seguida. Pobre!

Mulheres gostam de elogios e homens também. Agora, se você ao elogiar uma mulher compará-la com uma outra, por mais fantástica que essa outra lhe pareça, o elogio vira insulto. Homens não, a comparação os enaltece. Homens gostam de ser Churchills, Pelés, Einsteins.

Mulheres, por não aderirem a padrões, têm sempre muito a escolher e, em decorrência, sofrem pela falta da garantia da escolha. Surge o desavoramento, sentimento feminino por excelência.

A insatisfação feminina pode ser doença ou provocação. Doença, na histérica imobilizada em sua eterna e repetitiva queixa ao outro, para que lhe restitua aquilo que lhe faltou. Provocação, na sua exigência de uma satisfação além do limite comum, que não se contenta com os troféus que os homens lhe exibem para acalmá-la, pedindo ainda mais, mais além das evidências. Se não fossem essas mulheres, atenção, disse mulheres, não histéricas – não são sinônimos – ainda estaríamos na idade da pedra, com os homens sentados em roda ao redor da fogueira, como hoje fazem ao redor de uma mesa de chope, elogiando mutuamente seus belos tacapes.

Mulheres insatisfeitas, de desejos insatisfeitos, querem novidade, mudança; homens satisfeitos, de desejos impossíveis, querem o mesmo, a segurança da repetição. E assim ficam juntos até o dia em que finalmente se entenderem...

19 FOLIA OBRIGATÓRIA

Tristes tempos estes nos quais a alegria é obrigatória.

ACABARAM COM AS NOSSAS QUARTAS-FEIRAS DE CINZAS. Aquelas nas quais não se ouvia mais cantar canções e ninguém passava mais brincando feliz. Atualmente, as quartas-feiras são utilizadas para as batalhas ruidosas das apurações das escolas e, logo em seguida, prossegue a folia no desfile das campeãs. Acabou? Não! Inventaram as micaretas, nome alusivo às festas no meio da quaresma. Acabou? Não! Daí vem o sábado de aleluia, as festas juninas e festas e mais festas o ano todo, sem parar, sem relaxar, sem silenciar. Pule, pule, saia do chão é a ordem nesses tempos em que vivemos uma epidemia festiva.

Tristes tempos estes nos quais a alegria é obrigatória. Nada é suficiente. Mais, mais, mais, só paramos na exaustão, ou quando um acidente nos para. Mais, vamos, além do limite, não há limite. Talvez o céu para os piedosos; o inferno, para a maioria.

Se a balada está lotada, mais, empurrem, sufoquem. Se a garrafa acabou, mais, vamos, bebam, brindem, festejem. Se o carro está rápido, mais, depressa, corram, não importa a estrada.

Se alguém lhes chateia, deletem. Se o curso está aborrecido, mudem. Se o livro é grosso, saltem as páginas.

Se o amor não corresponde, desamem imediatamente.

A ordem é uma só: prazer a todo custo, inconsequente, superficial, fugaz, mas prazer.

Acabaram não só com as quartas-feiras de cinzas do poeta, como também com todo o aparato social de elaborar a morte, por conseguinte, os limites. Findo o carnaval – continuando no exemplo – começava a quaresma, os jejuns, os santos cobertos de roxo nas igrejas. Independentemente do credo de cada um, ou do não credo, a sociedade estipulava rituais coletivos de enfrentamento da morte, em relação aos quais era difícil ficar indiferente.

E agora, como suportar essa época de folia obrigatória, de excesso, de desmedidas? Bem, agora, não adianta esperar que o limite venha de fora de si. Pobres dos que puxam e repuxam a pele na ânsia de uma juventude perdida e o que encontram é uma maturidade bizarra, falando gentilmente. Até onde a pele estica? Até a exposição do ridículo.

Os moços tentam elaborar o limite testando o corpo. É o que explica a febre dos esportes radicais. No mar, na terra, no ar: *kitesurf*, escalada, *paraglider*. Não são remédios acessíveis aos mais velhinhos. Como saber parar sem ter que subir o Everest? Isso é um problema atual. Sua resposta pode nos liberar da obrigação insana do prazer das festas pelas festas.

A psicanálise tem uma resposta. Na ausência do limite vindo do outro – como foi para os nossos pais, quando era mentira que nossa raiva poderia destruir o mundo, hoje, sim, é verdade – na ausência de um basta exterior, o que permite nos orientar é o desejo. Muito difícil saber o que se deseja, mas fácil perceber que não é qualquer coisa. O desejo não é glutão, não se alimenta de indiferenças. Todo o desejo é desejo de alguma outra coisa, de uma coisa que desacomoda, que nos tira da área de conforto. Se não vemos o objeto de desejo diretamente, à luz do dia, notamos sua presença no sentimento da força estranha, maior que nós mesmos, que nos habita exigindo uma resposta criativa e responsável. Nada a ver com o mais-mais enlouquecido das obrigações hedonistas, o objeto do desejo é fruto de lenta depuração. Ele é pontual, silencioso, preciso, delicado, refinado, instigante. Não se resolve no carnaval das mortalhas genéricas, mas nas escolhas uma a uma. Mas, repito, ele nos tira das nossas áreas de conforto. Donde a pergunta que já me valeu um livro: você quer o que deseja?

20 **REENCONTROS**

Porque o desejo é nostálgico, costumeiramente temos a impressão de que "éramos felizes e não sabíamos", daí valorizarmos o que nos provoca saudade.

EXISTEM DUAS MANEIRAS BÁSICAS DE REENCONTROS: o reencontro do mesmo e o do diferente. Reencontro do mesmo é querer sempre encontrar as mesmas coisas, no mesmo lugar, no mesmo jeito. É querer que o tempo não passe, que as ideias não mudem, que os desejos se apaguem. É querer ter um mundo de garantia no qual a aspiração do futuro é ser o passado, é ver o mundo pelo espelho retrovisor.

Reencontro do diferente é buscar na repetição o novo, o não visto, o não vivido. É o impacto que vem das situações não necessariamente novas, posto que reencontro, mas que não se esgotam em sua capacidade de surpreender. São assim, por exemplo, as obras clássicas. Vemos muitas vezes um quadro de Van Gogh e sempre nos surpreendemos. Ouvimos várias vezes uma sinfonia de Beethoven e nos transcendemos. E também pode ser quando encontramos sempre aquela pessoa amada, que nos é sempre enigma, para quem buscamos palavras para expressar nosso amor e nos falta.

O reencontro do mesmo é triste, pouco criativo; é o reencontro do inseguro, da covardia. Ele gerou frases conhecidas, até simpáticas, tais como: "Em time que está ganhando não se mexe". O reencontro do diferente, ou da diferença, é ousado, inventivo. É o reencontro com algo que sempre escapa, é um reencontro que pede novas descrições, onde tudo parecia evidente.

A canção composta por Isolda, eternizada por Roberto Carlos – "Outra Vez" – soube tocar no fundo da sensibilidade brasileira. É um dos bons exemplos, no nosso cancioneiro, de um reencontro do novo. Nela, "Você é a saudade que eu gosto de ter" é o verso que ninguém esquece. Nota-se o jogo do presente com o passado. "Você é" está no presente, enquanto "saudade" remete ao passado. Por que emociona? Porque o desejo é nostálgico, costumeiramente temos a impressão de que "éramos felizes e não sabíamos", daí valorizarmos o que nos provoca saudade.

Encontrar alguém que nos acalente com saudade parece paradoxal, mas não é não. Agradecemos quem possa nos fazer isso. Melhor, amamos quem nos permite esse tipo de reencontro. Reencontro que alude ao passado, mas inventa o futuro. Exatamente porque a nostalgia é vazia, é uma paixão triste, vem a resposta: "Resolvi te querer por querer". O que está em jogo é um dizer "sim, eu quero" intransitivo, sem passado e sem futuro. Mesmo que um seja fonte e o outro seja alvo. É uma confiança na flexibilidade inventiva do presente, o que transforma "O mais complicado, no mais simples para mim".

"Você foi o melhor dos meus erros" é uma declaração de que o que queremos reencontrar não é a verdade lúcida, mas a "mentira sincera" – Lacan concordaria dizendo que no final da análise se alcança a "verdade mentirosa", vejam só.

"E é por essas e outras que minha saudade faz lembrar de tudo outra vez". Precisa ainda explicar, ou já está sensivelmente claro? Se precisar, a compositora conclui em receita: "Só assim sinto você bem perto de mim outra vez". Outra vez e outra vez e mais ainda outra vez, em reencontros que são as brincadeiras mais sérias que a alguém possa ocorrer.

21 PELADA

A dificuldade é fazer o outro *estar na sua pele*, viver o que vive, sentir o que sente e não consegue transmitir, nem nunca convencer.

O VERÃO SE APROXIMA E COM ELE AS PUBLICAÇÕES voltam a tratar da pele. Basicamente, a ordem é uma só: o preço do sucesso de dois ou três dias de moreno jambo, não valem o risco de um cancerzinho básico. Mas a pele é bem mais que variações de melanina, ela se estende a uma vasta gama de nossos sentimentos. Vamos visitá-las.

Muitos querem *salvar a própria pele*, quando a situação está ficando difícil. Outros, mais generosos e carinhosos, só vêm razão em salvar a sua pele quando antes salvarem a do seu amor. Visam, com isso, *ficarem todos bem em sua pele*.

No entanto, quando a pessoa amada não percebe a gentileza do amor, o amante *sente na pele* a fria decepção. Ainda assim, já trôpego e exausto, tenta desesperada cartada ao *cortar na própria pele* tudo o que não for essencial a seu propósito.

A dificuldade é fazer o outro *estar na sua pele,* viver o que vive, sentir o que sente e não consegue transmitir, nem nunca convencer.

O pior desse cenário é quando mais que se sentir desentendido, você se vê ridicularizado, como se o outro estivesse *caindo na sua pele.* Aí você desiste e jura que nunca mais, nunca mesmo, vai de novo *arriscar a sua pele* por alguém. E é prudente que você o faça antes *de ficar em pele e osso.*

Viram como a pele vai além, muito além de sua biologia? A língua alemã é sábia ao ter duas palavras para aquilo que designamos com uma só, "o corpo". São elas *Leib* e *Körper.* A primeira, *Leib,* fala do corpo, digamos, estendido, aquele que me faz estar do lado do outro mesmo a quinhentos quilômetros de distância e apesar disso sentir a pele esquentar. Por sua vez, *Körper* é o corpo restrito, material, biológico, aquele que os médicos gostam de provar nos exames que dizem quê. O que seria de nós se um corpo fosse só um corpo? Que chatice!

Conclusão: *defenda sua pele* do sol tropical, mas lembre--se, ao mesmo tempo, que a vida perde valor quando de tanto nos defender nunca deixamos nossa *pele à mostra.* Isso é uma verdade nua e crua. Pelada.

22 FELICIDADE É RESPONSABILIDADE PESSOAL E INTRANSFERÍVEL

Carentes somos todos, uma vez que sempre nos falta algo.

Fabiana Mascarenhas, jornalista, entrevista
Jorge Forbes para o site *A Tarde*.

O PSICANALISTA E MÉDICO PSIQUIATRA Jorge Forbes sempre defende que buscar alguém para suprir as carências emocionais é assinar um atestado de infelicidade permanente. "Só pode estar junto aquele que pode estar separado. A felicidade é uma responsabilidade pessoal e intransferível". Segundo ele, a primeira coisa que é necessário saber é que a felicidade amorosa não tem garantia. "Todo amor é um contrato de risco que mantém os parceiros sempre alertas". Para Forbes, estamos vivendo uma nova forma de amor, que ele define como o amor da pós-modernidade. "As pessoas estão com as outras porque querem, não mais por obrigação ou necessidade".

Apesar das conquistas femininas e de as pessoas atualmente serem muito mais independentes econômica e intelectualmente, percebe-se que homens e mulheres ainda buscam na relação o seu ideal de felicidade. Por quê?

Mas será que vamos pensar que a única razão para que as pessoas estivessem juntas seria a dependência econômica ou intelectual? Isso é desacreditar de vez no amor ou achar que amor é tema menor e piegas. Não vejo assim. É exatamente porque diminuímos as dependências que fica mais evidenciado o difícil que é a vida sem alguém.

E por que é tão difícil a vida sem alguém? Há um temor da solidão?

Gosto muito da frase de Nietzsche "Vosso mau amor de vós mesmos vos faz do isolamento um cativeiro". Sérgio Buarque de Holanda a lembrou quando comentou a cordialidade do brasileiro. É muito difícil frequentar a solidão de si mesmo, mas não tem jeito. Só quem pode ficar separado é quem pode ficar junto.

Então qual a melhor maneira de lidar com a solidão?

Encontrando alguém.

O senhor acredita que temos evoluído pouco no aspecto sentimental?

Acredito no contrário, que estamos vivendo uma mudança importante a ponto de merecer um nome: "novo amor". Até bem pouco tempo, as pessoas ficavam juntas em nome de algo ou de alguém. Dizia-se, por exemplo "Estou com você porque jurei na igreja"; "Estou com você porque não vou me afastar dos meus filhos"; "Estou com você para manter nosso patrimônio"; e por aí seguia. O fato é que, hoje em dia, temos um novo amor, livre dessas intermediações, no qual se uma pessoa está com outra é porque quer, mesmo que diga que não.

Esse é o amor que o senhor define como o amor da pós--modernidade, no qual o laço social é predominantemente horizontal? Que tipo de amor é esse?
Sim. A pós-modernidade trouxe uma revolução no laço social nunca antes vista. Nos últimos 2500 anos, nossos laços sempre foram verticais, no sentido de nos agruparmos em torno de um padrão, constituindo o desenho de uma pirâmide. Seja colocando no topo da pirâmide a Natureza, Deus, ou a Razão. Hoje, não há mais padrão, por conseguinte, não há mais verticalidade, motivo de falarmos em sociedade de rede, horizontal. Nessa sociedade, detectamos um novo amor pelo qual a responsabilidade é só dos amantes, sem desculpa. Uma pessoa está com a outra porque quer, ponto. O curioso é que normalmente não sabemos o que é esse querer. Ama-se sem saber o porquê e responsabiliza-se por esse não saber.

Em *Os complexos familiares na formação do indivíduo*, Lacan diz que a família prevalece na primeira educação e preside os processos fundamentais do desenvolvimento psíquico. Isso explica o fato de alguns serem mais carentes que outros?
Carentes somos todos, uma vez que sempre nos falta algo. Por mais que recebamos, o desejo sempre aponta um mais além. O que nos diferencia é como reagimos às carências. A família cumpre um primeiro papel muito importante, mas, para nossa sorte, não definitivo. Sorte porque, se não fosse assim, cairíamos no determinismo que pensa que uma vez tendo tido um problema na infância, não se teria mais conserto, teria que nascer de novo. Nada disso.

A carência gera pessoas que desenvolvem uma dependência afetiva muito grande. Em contrapartida, vivemos em uma época em que as relações terminam mais facilmente. Como explicar isso?

De fato, vivemos uma época de mudanças de parceiros mais frequente que anteriormente. Isso não quer dizer que estejamos amando pior. Essa aparente contradição se explica facilmente. Se estivermos de acordo com o já dito, que uma pessoa só está com a outra hoje em dia porque quer e não por segundos ou terceiros motivos, não havendo mais amor, ou se reinventa ou se separa.

O senhor afirma que buscar alguém para suprir as carências emocionais é assinar um atestado de infelicidade permanente. Como evitar que isso aconteça?

Evitando a dependência excessiva do outro. O problema é que, ao encontrar alguém aparentemente disponível, muitas pessoas agarram-se a ela como garantia de segurança emocional, econômica, social, espiritual, mas isso não é a felicidade. Idealizar que o parceiro é a fonte da felicidade tem dois lados ruins: o primeiro é que, enquanto está sem par, a pessoa acaba desvalorizando as outras conquistas da sua vida, que também são importantes, mas acabam passando despercebidas. Segundo porque, se, por acaso, ela consegue que seu relacionamento amoroso atinja seu ideal de felicidade, está fadada a perder essa situação, já que nenhum relacionamento consegue ser ideal eternamente. É preciso entender que só pode estar junto aquele que pode estar separado. Felicidade é responsabilidade pessoal e intransferível.

De que maneira esse apego ao outro se traduz no universo virtual, uma vez que observamos cada vez mais pessoas dependentes da rede social?

Pessoas são dependentes de pessoas desde que o mundo é mundo. Nós nos entendemos sempre por meio do outro. Haja vista essa entrevista (risos). A identidade de uma pessoa é relacional, se dá na relação com as outras e com o meio. É o que possibilita dizermos que uma pessoa me faz sentir melhor, outras, pior. As redes sociais não são culpadas disso, elas só evidenciam a nossa natureza humano-dependente.

De fato, todo relacionamento amoroso é um contrato de risco?

Sempre. O amor é um contrato de risco, no qual não há garantias. Isso porque não é possível estabelecer todas as cláusulas necessárias a um acordo. Até mesmo o elementar "Eu te amo" é sempre escutado com desconfiança, que leva o parceiro a responder "Ama mesmo?". Amor é um contrato de risco que mantém os parceiros sempre alertas.

E o maior risco é daqueles que costumam transformar amor em remédio?

Se amor é remédio, ele é daqueles cheios de efeitos colaterais e de reações adversas. Seria divertido escrevermos a bula do amor. É o que os poetas tentam todos os dias, em um trabalho infinito, pois sempre falta algo a dizer.

Ouvimos diversas pessoas se queixando sobre as mudanças que surgem depois de um tempo de relação. Querer que seja sempre "à flor da pele" é um dos principais motivos para o fracasso?

O amor acorda, mas, de vez em quando, você quer dormir. Aí, com boa razão, vem o medo de o amor ir embora, o que leva muitos a tentarem congelá-lo para depois comê-lo requentado no micro-ondas. Amor requentado dá azia brava. A paixão pode ser chamada de felicidade, mas, quando se transforma em um ideal de vida, fica supervalorizada e representa um perigo. Fica bonito no teatro, mas é muito triste na vida real. Daí personagens como Romeu e Julieta, Tristão e Isolda, Abelardo e Heloísa. Morreram porque tentaram eternizar a paixão.

O estado da paixão, de acordo com a ciência, dura de dois meses a dois anos, porque, se durasse mais tempo, ninguém conseguiria suportar. É isso mesmo?
Divertem-me essas definições pseudocientíficas. O amor é uma coisa séria demais para ser formatado em padrões empíricos e objetivos. Agora, de fato, é duro suportar uma emoção que te questiona todos os dias. Há amantes entusiasmados e amantes cansados, não é uma questão de tempo, mas uma questão de criatividade.

Algumas relações amorosas tendem a extrair o que há de melhor em nós, outras, por sua vez, nos fazem ficar cara a cara com o nosso lado mais sombrio. Em sua opinião, por que isso acontece?
Toda relação digna desse nome nos oferta os dois lados: o melhor de nós e o mais sombrio. O que se espera é aproveitar o melhor e com ele se guiar no lado mais sombrio.

O senhor diz sempre que felicidade não é bem que se mereça. Seria então uma questão de sorte?
Olha, quando eu escrevi sobre isso, a ideia era chamar a atenção para o contrário daquilo que se pensa normalmente, a saber, que a felicidade seria fruto dos nossos merecidos esforços. Não é não. A felicidade, do ponto de vista psicanalítico, se dá no encontro, na surpresa, e não há esforço nenhum na surpresa. E, como disse antes, para haver encontro não pode haver dependência. Se não,

o que se dá não é um encontro, é parasitismo. A felicidade sempre nos parece inalcançável. Por isso, quando uma pessoa está feliz, ela não sabe quem ela é, ela pensa que está sonhando ou que houve um engano. Ela acaba vivendo uma crise de identidade: "Esse cara sou eu?". O mais triste é que a maioria das pessoas se assusta e sai correndo de medo da felicidade, exatamente pela sensação de estranheza que ela provoca. Por isso, dizer que há que se suportar ser feliz.

23 NÃO EXISTE RELAÇÃO SEXUAL

Por mais que se queira nunca haverá a justa relação, a perfeita acoplagem entre os amantes, pois sempre fica uma sobra.

NÃO EXISTE RELAÇÃO SEXUAL. Não, essa não é uma péssima notícia, é só uma provocação.

Foi com essa frase que o psicanalista Jacques Lacan tumultuou a sensibilidade da *intelligentsia* francesa nos anos 1970. Claro que não faltou quem imediatamente dissesse que o famoso seguidor de Freud dizia isso porque estava avançando na terceira idade. Risos. Mas o fato é que essa aparente bobagem, nos impacta: "Como assim, não existe relação sexual? O que quer dizer essa declaração esdrúxula?" Por mais estranha que possa nos parecer tal afirmativa, ela não o é aos nossos sentimentos. Se a nossa razão objetiva a repugna, a nossa razão sensível nos diz que há uma verdade nessa frase.

Revelemos o mistério: a frase não é para ser entendida como que não exista um encontro sexual entre dois parceiros que se querem, ela diz que por mais que se queira nunca haverá a justa relação, a perfeita acoplagem entre os amantes, pois sempre fica uma sobra. Semelhante a uma conta de dividir imperfeita que deixa um resto. Nenhum motivo para desespero, deixar um resto é animador, pois é o que incita a novas e repetidas tentativas. Se não existe a relação sexual, temos um motivo a mais de fazê-la existir, nem que seja por um breve momento que de tão fugidio nos deixa o gosto de quero mais, e mais, e mais. Lacan dizia encore, encore, encore, jogando com a homofonia da palavra francesa "encore" – ainda – com a expressão "encorps" – no corpo. Algo no corpo fica pedindo mais ainda.

A este aspecto da não existência da relação perfeita sexual, se soma outro, igualmente provocador: "Se já sei que algo não vai dar certo, para que insistir?" Assim pensa o esperto. Ele é um precavido do amor. Do lado homem, ele dissocia a atração sexual, de amor, diminuindo – assim imagina – a perda inevitável. Do lado mulher, ela pede tantas garantias para um futuro perfeito, que inviabiliza o presente que tem. Tão espertas quanto inúteis soluções. Fato é que uma boa dose de bobice é necessária a qualquer amante. Bobice porque apesar de saber que o erro faz parte do amor, isso não diminui o entusiasmo. Errou? Tenta de novo e de novo, sem medo de ficar bobo, sem medo de dizer: "Você me deixa abobado". E isso é bom.

24 JEITINHO BRASILEIRO DE AMAR

Nenhuma explicação de amor é em si suficiente.

HAVERIA UM JEITO brasileiro de amar?

Na onda de se apresentar o Brasil ao mundo, os brasileiros voltam-se sobre si mesmos e se perguntam com que roupa vão aparecer no baile das nações, inclusive no amor.

Não precisamos nos aprofundar muito, para perceber que cada povo ama de certo jeito peculiar. É o que nos permite brincar, em caricatura, que o amor francês é cheio de biquinhos e não me toques; que o alemão ama na dureza; que o americano até no carinho usa a régua do custo-benefício; que o argentino, especialmente o macho, abre e exibe todas as penas do pavão; que o italiano fala mais que confirma; que o inglês ama em hora marcada, etc. E o brasileiro?

Sim, podemos falar de um jeito brasileiro de amar. A principal característica é a ginga, a flexibilidade, como de resto em tudo. O brasileiro não se leva muito a sério em declarações pomposas. Nem se preocupa em sustentar um pedido de casamento na realidade prática. Primeiro o brasileiro declara e assina o sonho, depois corre atrás de sua realização. Outros povos preferem adequar os sonhos aos fatos, coisa chatíssima nessas terras. O brasileiro não se prende a uma forma convencional de expressão amorosa. Por aqui, diz o poeta Milton Nascimento, todas as formas de amor valem à pena. Outo poeta, Vinícius de Moraes, destaca o desmedido do amor na terra onde tudo dá, na infinitude do sentimento enquanto dure.

A sensualidade brasileira está à flor da pele. Dizem os sociólogos que nos estudam, como Domenico de Masi, que isso é herança da escravidão. Os negros escravos tinham como seu único bem o seu corpo. Deles e dos índios teríamos herdado a cultura do cuidado com o corpo que acaba se refletindo na proeminência da nossa cirurgia plástica e da dermatologia, e nos espetáculos esculturais de nossas praias. Mesmo no silêncio do primeiro encontro os brasileiros dançam. Com o olhar, o aceno, a cruzada de perna, o andar, o meneio.

E se você, nesse momento, está sorrindo ao se reconhecer nessas características, querendo delas saber mais, e está com vontade de acrescentar detalhes de sua forma de amar, é porque você é brasileiro e sabe que estamos agora privilegiados em uma pós-modernidade que valoriza o que já intuitivamente sabíamos: que nenhuma explicação de amor é em si suficiente. Que o amor pede sempre um complemento, um jeitinho especial dos amantes. Se não, ora, se não for assim, não tem jeito.

25 O AMOR PEDE CORPO

O corpo dos amantes é o que não tem nome nem nunca terá, base de todos os cantos.

ELA É PERFEITA.

Ela é tudo o que aquele homem queria. Uma verdadeira Amélia eletrônica. Ela faz a agenda dele, responde a seus e-mails a tempo e a hora, põe em ordem os seus textos, faz a lista do supermercado com requintes de plano econômico, avisa dos remédios a tomar, dos compromissos. Ela é carinhosa de manhã à noite e, ainda por cima, ela é desligável – fantasia masculina – com um simples toque na tela. Ela é um sistema operacional.

"Ela" é um dos últimos grandes sucessos do cinema, indicado recentemente a cinco Óscares, tendo ganhado pelo roteiro original.

Simplesmente Ela, pois sendo um sistema operacional, Ela sintetiza todas. Ela é uma mulher completa, ah! as mulheres completas..., e o fascina por isso.

O amor progride entre a mulher toda e o homem carente. As barreiras da estranheza dele, por se ver apaixonado por uma máquina, vão sendo vencidas pela eficiência de Ela. Como trocar Ela por elas? Não, ele fica embevecido.

Mas o amor, como sempre, pede mais e esse mais é o corpo. Encore, encorps, diria Lacan, em trocadilho que realça a homofonia, em francês, de "ainda" com "no corpo". Ela, sempre brilhante, bola um estratagema para resolver o impasse virtual do amor, do qual eles sofrem. Contrata um corpo de aluguel, na esteira das barrigas de aluguel. Um corpo de aluguel para fazer às vezes dela, junto a ele.

Toca a campainha na casa dele e Ela aparece travestida em uma moça que, fascinada pela história impossível do amor deles, se oferece a ser comandada por Ela, através de um fone de ouvido, nas artimanhas dos jogos amorosos sexuais, com ele. Claro que não dá certo essa estranha encorporação. Mulheres se tomam uma a uma, mas isso o sistema operacional não sabia.

Frustração dele e dela. Aumentada quando ele descobre o óbvio, a saber, que Ela, naquele momento, estava fazendo viver o mesmo a mais de mil homens. Imagine ser traído com mais de mil! Só mesmo computador.

Tomando o filme como metáfora, vai aí uma resposta às inquietações dos pais de hoje, ao verem seus filhos de olhos colados nas telinhas eletrônicas. Podem se tranquilizar, a internet não vai abolir o encontro corporal, ao contrário. A multiplicidade de contatos virtuais exaure, cansam por seu aspecto ilimitado. No virtual pode tudo e o pode tudo vai contra o desejo, eliminando-o. Sem desejo as pessoas não se recriam, não se reinventam, viram genéricas, aborrecidas. O ser humano precisa de um corpo. Curiosamente é no encontro dos corpos que nos estranhamos, e não em sua distância. E esse estranhamento é o que provoca as declarações de amor, tentativas de por em palavras o que sentimos sem saber. O que será que será que não tem nome, nem nunca terá? Pergunta o poeta. A resposta é: o corpo dos amantes é o que não tem nome nem nunca terá, base de todos os cantos.

Parodiando Mallarmé: jamais um sistema operacional abolirá o corpo. Fiquem tranquilos e assistam Ela. É uma boa inspiração.

26 CHEGA DE TANTA FELICIDADE

Eu mereço ser feliz... como se felicidade fosse fruto do merecimento, prêmio aos esforçados, troféu dos moralistas.

A ATUAL ONDA DO IMPERATIVO DA FELICIDADE é mau remédio para os novos tempos

Estamos lotados de felicidade, melhor dito, de promessas de felicidade, de obrigações de felicidade. Tem gente que gosta de dizer que está cada vez mais feliz e, nesse acúmulo progressivo, fica igual a sapo inchado prestes a explodir.

Felicidade não é isso não, companheiro, não é um estado que se compra, se conquista ou se aprende. Felicidade surge em momentos fugidios de satisfação plena que não se deixam captar em nenhuma fórmula *prêt-à-porter* de livros de autoajuda, ou de sessões de *coaching* propagandeadas nos aeroportos, pelas melhores empresas do ramo. Há quem goste de afirmar com uma certeza disfarçadamente humilde: "Eu mereço ser feliz", como se felicidade fosse fruto do merecimento, prêmio aos esforçados, troféu dos moralistas. Se quisermos associar uma virtude à felicidade, que seja a coragem e não o esforço. Coragem de poder suportar esse sentimento fruto do acaso e da surpresa, que nos desloca das acomodações identitárias habituais da vida. Quando temos um momento feliz, mordemos o dedo para ver se ainda somos nós mesmos.

De onde vem essa epidemia de felicidade, esse, diríamos em uma palavra feia, 'felicidadismo' que nos assola? Vem, penso eu e alguns filósofos como meu amigo Luc Ferry, da revolução *tsunâmica* pela qual passamos e que nos autoriza afirmar que não vivemos mais na mesma Terra, que saímos de TerraUm e chegamos em TerraDois, planeta que envelheceu nossas costumeiras maneiras de ser, obrigando-nos a um reaprendizado geral. Desde os primeiros registros filosóficos das maneiras de organização do laço social entre os humanos, há 2800 anos, até trinta ou quarenta anos atrás, sempre nos ajeitamos em uma arquitetura vertical, padronizada, em torno a algum elemento transcendental que variou com as épocas: natureza, divindade, pensamento (iluminismo). Hoje, na desconstrução das transcendências que nos desbussola, que nos desorienta, vemos cada um medir o mundo por seu umbigo, o que não é lá muito animador. Nessa medíocre tentativa, surgem palavras de ordem de uma questionável psicologia positiva que busca convencer os perdidos em TerraDois de que tudo só depende de você, que só não é feliz quem não quer, que seu ego é seu reino, e "é nóis e tâmo junto".

É mau remédio para a nova época essa obrigação de ser feliz. O tiro acaba saindo pela culatra, pois uma vez que a promessa de felicidade não se cumpre, a pessoa começa a se deprimir, o que leva muitos a engrossarem o cordão dos consumidores de antidepressivos, em um círculo vicioso que acaba no coitadismo reinante. Mas isso já é outra história.

27 RIDÍCULAS PALAVRAS RECALCADAS

Há sempre um excesso, um ridículo a suportar na vida; o ridículo é o particular que não se encaixa em nenhum universal.

"AQUELA PENA, CAINDO ENTRE AS ÁRVORES sobre o rapaz sentado no banco da praça, com cara meio abobalhada, lhe pareceu um lugar comum, um apelo fácil ao sentimento da plateia, onde ele estava. José se arrumou em sua poltrona e se preparou para não gostar do filme. Mas, pouco a pouco, o desinteresse foi se modificando, pois José começou a se reconhecer no personagem, tratado como um tonto por sua família, por seus colegas de colégio e que, no entanto. Desajeitadamente, ia obtendo sucesso na vida, sempre de maneira atravessada. O personagem ganhava corridas porque se punha a correr, era modelo para cantor de rock por sua disritmia, depois herói de guerra por inconsequência e assim por diante. O filme que lhe pareceu de início chato e sem interesse foi tomando corpo.

Freud dizia que um sonho parece ao sonhador, em um primeiro momento, dessa forma: chato e desinteressante, e que é só na medida das associações que o afeto e o interesse surgem. Pois assim se deu: terminada a sessão – de cinema – José estava lívido, aquela era a sua história. Que imenso esforço, pensou ele, lhe tinha sido até então imposto para ultrapassar suas deficiências, anunciadas como tais pelos outros. Na sua casa familiar, em seu pequeno país natal, da América do Sul, o bom sempre estava em outro lugar: no Brasil, em São Paulo, mais precisamente na Universidade de São Paulo. Não havia encontro de família, almoço ou jantar, quando alguém se queixava do confronto a uma situação difícil, que não lhe dissessem: – "Ah, para resolver isso, só fazendo um curso na USP". E aquela USP era tão distante para José... Se ele era aquele ponto tolo, como pretender ir à USP e, não indo, como iria suportar as dificuldades? Não tinha jeito. A USP era coisa para um ou outro de seus dois brilhantes irmãos; a ele sobrava talvez a sorte. E, no entanto, paradoxo do destino, José estava na universidade e com sucesso.

Na saída do cinema ele tentou disfarçar suas lágrimas: de raiva pelo esforço sofrido em nome de um ideal e de pena, por autocomiseração. A hora tardia, do final da sessão, meia-noite, não o impediu de querer revisitar cada instituto, cada sala frequentada naqueles últimos anos. Ele já fazia planos para no dia seguinte contar a seu analista sua grande descoberta: as razões de seu sofrimento. Queria ir às últimas consequências, sentir tudo o que devia sentir, deixar-se invadir pelas memórias afetivas daqueles lugares, às vezes calvários de castigo, às vezes de redenção, sempre religiosos. Foi difícil entrar no setor de

Filosofia tão tarde da noite, mas a porta aberta, amavelmente oferecida por um professor notívago, que se retirava, facilitou a empresa. De cada carteira, de cada corredor emanavam as angústias de estar aquém do ideal. Tinha chegado à USP, mas será que a USP era lá? E do setor de Filosofia, foi ao de Antropologia, em sequência ao de Sociologia, ao de História... A cada passo mais clara lhe aparecia sua vida, seu percurso, como se diz. De uma certa maneira não era um saber tão novo com o qual se deparava, mas nova era a forte convicção da verdade desses fatos. Freud não dizia que o obsessivo recalca o afeto, mas não as ideias, diferentemente da histérica que recalca os dois?

Enfim, fatigado, extenuado, mas feliz pela boa descoberta, foi dormir. Na manhã seguinte, cedo, verificou se não havia se esquecido de nada do ocorrido na madrugada e que iria relatar a seu analista... Quanta expectativa! Chegada a hora, entrou e imediatamente contou sua noite em todos os detalhes. Ao fazê--lo, começou a notar que não era escutado com o interesse que aguardava. "Será que não estou sendo claro?", se perguntou, e buscou reforçar a importância do que dizia. O analista, assim terminado o relato, sem nada falar, levanta-se, pondo fim à sessão e lhe dando um novo horário para dali a algumas horas. Reencontrando-se no elevador, entre a sideração, a raiva e a frustração, José se perguntou o que era aquilo. Horas depois, retomando a sua sessão, precavido, não querendo ser de novo surpreendido, de maneira bem objetiva, começou por perguntar se a sessão anterior tinha sido encerrada porque o analista pensava que assim devia fazer ou porque a sala de espera estava cheia. O analista, laconicamente, responde-lhe: "Porque entendi que deveria interromper". José tenta então lhe explicar o absurdo sofrido, voltando sobre sua história, agora não mais emocionado, mas à maneira de um advogado que exige justiça à dor de seu cliente. E, assim, em poucos minutos, energicamente, retomou e pôs em ordem os pontos capitais de sua reflexão noturna. Recebeu então uma nova resposta de seu analista, uma interpretação: "Pois é, você arriscava acreditar excessivamente nisto tudo". A sessão terminou aí e, com ela, uma história.

II

Gostaria de comentar esta passagem de uma análise, em duas vertentes: a do analisando e a do analista, lembrando que o imbricamento sendo tanto, o que será dito para um tem consequência para o outro e vice-versa. Começo, então, pelo analisando.

Destacaria três momentos distintos na passagem relatada que sintetizaria nessas proposições:

a) Havia um saber, não havia uma verdade.
b) Havia um saber, havia uma verdade.
c) Não havia um saber, havia uma verdade.

O primeiro momento, "Havia um saber, não havia uma verdade", corresponde ao fato de que José conhecia suas coordenadas familiares, sabia, mas não dava a estas peso de verdade, de importância. E, como já referido, dissociava no recalque obsessivo a 'ideia' do 'afeto', o que possibilita uma espécie de convivência irresponsável com o sintoma. O segundo momento, "Havia um saber, havia uma verdade", corresponde ao da suspensão do recalque secundário: ele, José, se via alienado completamente a uma história. Nota-se um misto de responsabilidade e culpa, onde ele reconhece sua participação, mas culpa o outro por seus tormentos.

Finalmente, no terceiro momento, "Não havia um saber, havia uma verdade", José fica com uma verdade incompleta, diríamos quanto a sua compreensão, provocada pelo analista:

"Você arriscava acreditar excessivamente nisto tudo", o que o forçou a ir além do recalque secundário, obrigando-o a fabricar um outro tipo de saber para responder à verdade que lhe tocava. Podemos ver aí um exemplo do que em 1977 Lacan estabelecia como alvo de uma análise: um significante novo.

O que eu sempre enuncio é que a invenção de um significante é alguma coisa diferente da memória (...) Nossos significantes são sempre recebidos. Por que não inventar um significante novo? Um significante, por exemplo, que não teria, como o real, nenhuma espécie de sentido?

No caso de José, este vai de sua memória morta a uma memória vivida e, em seguida, a um buraco na memória, o que lhe permite o futuro: o aparecimento de um novo significante.

Em 1908, Freud publica dois textos que têm seu interesse de serem lidos em correspondência: "Romances Familiares" e "Escritores Criativos e Devaneios". Freud aí se pergunta por que existem histórias que nos aborrecem enquanto outras, ao contrário, prendem nossa atenção. Seria devido às diferenças dos temas tratados? Haveria alguns mais interessantes que os outros? É o que o bom senso levaria apensar. Mas, ainda uma vez, o bom senso pensa mal, pois Freud descobre, quanto ao tema, que neuróticos e escritores se referem ao mesmo, ou seja, ao que lhes falta, ao que desejam, com a diferença que a maneira de desenvolver uma resposta não é a mesma para cada um deles.

A base do romance familiar do neurótico é, frente à decepção sofrida com a sua família de origem, constituir uma outra mais valiosa, mais adequada aos padrões ideais. No caso de José, ir para a USP. O escritor criativo, por seu lado, não tem tanta certeza de um ideal. Ele se inventa um lugar e assume a responsabilidade por sua escolha. A particularidade de suas opções permite aos leitores fazerem o mesmo. Freud destaca a culpa e a vergonha como os fatores que se alteram do neurótico para o escritor criativo:

> ... a verdadeira satisfação que usufruímos de uma obra literária procede de uma liberação de tensões em nossas mentes. Talvez até grande parte desse efeito seja devida à possibilidade que o escritor nos oferece de, dali em diante, nos deleitarmos com nossos próprios devaneios, sem autoacusações ou vergonha".

Difícil dizer que, à semelhança de um escritor, o analista leve o analisando a se deleitar com seus devaneios, tal como Freud acaba de enunciar. Entretanto eles se aproximam no ponto em que uma análise também modifica as autoacusações, a culpa e a vergonha. No lugar da culpa sempre referida a um outro, uma análise conduz à responsabilidade sobre seu próprio gozo. "Coma seu daseiri, fórmula em que Lacan se expressou a respeito da tarefa do analisando, quereria dizer que nenhuma culpa, arrependimento, castigo ou promessa poderia liberá-lo desta dura obrigação, a de roer o osso de sua existência. A intervenção do analista, no caso de José, o impulsionou a sair de seu repetitivo romance familiar, desacreditando suas queixas "Eles me viam como alguém distraído e pouco inteligente" – e também sua solução – "Tinha que ir para a USP". Não há uma história que explique uma vida, pois a vida excede todas as histórias.

III

Passemos agora ao comentário, vertente do analista. Chocou José ao final da primeira sessão relatada, a pouca, até mesmo nenhuma solidariedade demonstrada pelo analista, face a seu drama. É fato, o analista não é cúmplice da paixão exposta mas, pela sua posição, revela a qualidade, a função de prótese, de obturação, da história contada. É como se ele ridicularizasse, na acepção de realçar o absurdo, a explicação de um sofrimento. Ele questiona a relação de compromisso estabelecida pelo sintoma neurótico. Para ele, neste sentido, também é válida a descrição que Denis Diderot faz do ator, em seu famoso paradoxo:

> **É o olho do sábio que capta o ridículo de tantas personagens diversas, que o pinta, e que o faz rir, quer desses importunos originais de que fostes vítima, quer de vós mesmo. É ele quem vos observava e quem traçava a cópia cômica, quer do importuno, quer de vosso suplício.**

E ainda: "Mais impressionados (os atores) por nosso ridículo do que tocados por nossos males, de um espírito bastante sereno ante o espetáculo de um acontecimento lastimável, ou ante o relato de uma aventura patética; isolados, vagabundos, à mercê dos grandes; poucos modos, nenhum amigo, quase sem qualquer dessas santas e doces ligações que nos associam às penas e aos prazeres de outrem que partilha dos nossos". Realçando o ridículo que existe no envelope choroso de um sofrimento, o analista colabora para que o analisando não se tome por demais a sério. Dissocia dor e relato da dor, provando que frequentemente sofre-se mais pelo que se conta do que pelo que se sente. Como já sublinhado, a vida excede as dimensões de todas as histórias, sendo o que explica, a meu ver, que as biografias só possam contar a história dos que já morreram. Há sempre um excesso, um ridículo a suportar na vida; o ridículo é o particular que não se encaixa em nenhum universal. São ridículos, por exemplo, os termos de ternura quando ditos em público, os apelidos cúmplices, os carinhos. Aquilo que só serve a um, a dois ou a um pequeno grupo é habitualmente tachado de ridículo.

Evitando o excesso da vida, o sintoma neurótico se oferece como uma roupagem sóbria, ao ridículo, ao singular de um desejo. É o que podemos notar a propósito do que chamamos o recalque secundário; no caso de José, sua infortunada história.

Uma análise deveria levar uma pessoa que a realiza a melhor contar o ridículo de sua vida, tal como o sugere Fernando Pessoa em um poema escrito por seu heterônimo Álvaro de Campos e intitulado: "Todas as Cartas de Amor". Ele diz assim:

Todas as cartas de amor são
Ridículas
Não seriam cartas de amor se não fossem
Ridículas.
Também escrevi em meu tempo cartas de amor
Como as outras,
Ridículas.
As cartas de amor, se há amor,
Têm de ser
Ridículas.
Mas, afinal,
Só as criaturas que nunca escreveram
Cartas de amor
É que são
Ridículas.
Quem me dera no tempo em que escrevia

Sem dar por isso
Cartas de amor
Ridículas
A verdade é que hoje
As minhas memórias
Dessas cartas de amor
É que são
Ridículas.

No começo, ao se deparar com o amor, com o que se diz do amor, as cartas de amor são consideradas pelo poeta como ridículas. Depois, progressivamente, ele se dá conta que são aqueles incapazes de escrevê-las, os que são ridículos. Aí estaria uma metáfora ilustrativa do que quis dizer para uma análise: conseguir, com as palavras para sempre recalcadas, ridículas, escrevê-las em cartas de amor.

28 EROTISMO-*GUIDELINE*

Se o erotismo fosse direto e solto não haveria mais poesia, nem insinuação, nem alusão.

1. Pode-se afirmar que nossa época seria aquela na qual o erotismo está correndo mais à solta? Nada menos garantido, a não ser para os padrões de um olhar envelhecido de uma geração anterior, que vê hoje a possibilidade que ontem sonhava, mas que já não alcança mais.

2. O erotismo humano não é maior ou menor em decorrência de restrições exteriores, mais ou menos moralistas; que engano! O caráter enviesado do nosso erotismo é constitutivo do próprio ser humano, daí a poesia que se renova em todas

as épocas para tentar dizer o que fica sempre no não dito, independentemente das supostas liberalidades externas.

3. Se o erotismo fosse direto e solto não haveria mais poesia, nem insinuação, nem alusão. O mundo seria sem relevo, chato; chato como um filme pornográfico, assassinato de qualquer erotismo.

4. Muitos temiam que com a globalização, e a subsequente maior diversidade de comportamentos, que entraríamos em uma época de crescente promiscuidade sexual. Pois bem, deu-se exatamente o contrário, comprovado também pelas estatísticas já publicadas, tanto no Brasil, quanto na Europa. Não é difícil de entender esse fenômeno: a horizontalização do laço social que vivemos, se por um lado despadroniza as opções, aumenta para cada pessoa a responsabilidade da escolha.

5. O impossível estrutural da sexualidade humana se expressa às claras, porque não há luz que a possa esclarecer por completo, faz com que as mudanças sociais recoloquem o impossível em lugares diferentes, conforme a época. Foi o que levou Vicente de Carvalho, em verso célebre, constatar que a felicidade existe, mas nunca a pomos onde nós estamos. Assim, se ontem os homens se esmeravam em treinar o melhor discurso para seduzir uma mulher (Larclos), distinguindo claramente o lugar do amante e da amada, hoje, o amor se resolve em outros passos, não tão estavelmente repartidos, não por isso menos interessante.

6. Amém.

29 BASTA DE DIZER EU TAMBÉM

Será que é necessário tamanho desgaste para que se possa ser ouvido em sua singularidade?

VOCÊ CHEGA À FESTA, encontra os amigos, você está com a maior vontade de contar algo de bom que lhe aconteceu, você espera por sua vez de entrar na roda, tal qual como quando criança a ansiedade subia antes de ser a sua vez de pular a corda estendida, aí você suspira e vai! Conta a sua novidade. Olha em volta, esperando a primeira reação, e ela vem com disfarce de simpatia, quando alguém lhe responde: "Eu também!". Mas como assim "eu também"? "Você não é eu! Isso que contei é a minha novidade, não a sua", são os pensamentos imediatos que lhe invadem a cabeça e a turvam de desagrado. Mas você não pode nem reclamar, pois a pessoa do "eu também", quis ser só simpática, aos olhos dos outros e dela mesma. Tudo então piora.

Tem muito gente que vive no "eu também". Protegem-se na sua suposta simpatia, até explicam que em grego, de onde surgiu essa palavra, "sim" quer dizer "junto", e *pathos* quer dizer "paixão", logo "simpatia" é compartir a paixão. Veja que legal, o "eu também" fica nobremente justificado, quando, no fato mesmo, além da origem da palavra, é só um presente de grego.

E quando alguém sofre um assalto? Aí então, a carga do drama ouriça a turma do "eu também". Um diz: "Roubaram o meu carro ontem". Os outros respondem: eu também, eu também, eu também. E para não ficar no tudo igual, no empate, cada um vai acrescentando um pouquinho de sal, como naquele velho jogo de memorizar o que cada pessoa foi comprar na feira: roubaram meu carro e minha carteira; roubaram meu carro, minha carteira e meu *laptop*; meu carro, minha carteira, meu *laptop* e meu relógio; e por aí a desgraceira prossegue, até aquele que conta que foi sequestrado por seis meses em cela sufocante. Silêncio, finalmente ninguém retruca com "eu também". Todos ficam constritos e respeitosos no "puxa!".

Será que é necessário tamanho desgaste para que se possa ser ouvido em sua singularidade? Já está mais do que na hora de darmos um basta à hipocrisia amável do "eu também". Não há o que temer na diferença radical de cada pessoa, ao contrário. Uma coisa boa de um psicanalista é que ao menos ali, falando com ele, temos certeza de que não vamos encontrar alguém que nos responda com o cala boca do "eu também". Engano é pensar que o contrário do "eu também" seja a frieza. Não é não. É exatamente porque o outro não sou eu, que eu posso amá-lo. Afinal, tem algo pior que você se declarar dizendo: "Eu te amo", e ouvir como resposta o triste: "Eu também"? Ah, não, no mínimo se espera ouvir: "Eu te amo, também", o que não é a mesma coisa.

30 HÁ FINS

O fim é sempre uma surpresa, o que faz com que nunca estejamos preparados para ele.

AS COISAS SÓ TERMINAM QUANDO ACABAM. E elas nunca acabam quando achamos que já terminaram.

As pessoas também só terminam quando morrem e elas nunca morrem quando acham que já terminaram.

O fim é sempre uma surpresa, o que faz com que nunca estejamos preparados para ele.

Temos vários tipos de fim: o fim feliz; o fim doloroso; o fim do consolo; o fim realizado; o fim das contas; o fim das esperanças; o fim da linha; o fim alcançado. Fins para todos os gostos e situações.

O fim pode, além de tudo isso, ser uma combinação: "Você está a fim?".

Como pode ser um alívio: "Ufa, finalmente!".

Ou uma conclusão: "Enfim!".

Podemos achar o fim da picada, não controlarmos esse momento que marca as nossas vidas. Que escande o tempo, que põe um antes e um depois. Fim é término, mas também é caminho, continuação, finalidade.

São tantas as possibilidades de fim, há tantos fins, que nunca é justa uma palavra final.

Isto são as pessoas.

Isto é gente!

JORGE FORBES

Psicanalista, psiquiatra, pensador, escritor, conferencista e criador de TerraDois – a tradução do mundo em que vivemos.

Jorge Forbes, que encabeça a discussão da pós-modernidade no Brasil, é psicanalista e psiquiatra, doutor em psicanálise e em medicina. Autor de vários livros, especialmente sobre o tratamento das mudanças subjetivas na sociedade. Recebeu o Prêmio Jabuti em 2013. É criador e apresentador do programa TerraDois, da TV Cultura, eleito o melhor programa da televisão brasileira em 2017 pela Associação Paulista de Críticos de Artes (APCA).

JORGEFORBES.COM.BR

VEÍCULOS DE PUBLICAÇÃO

Site Oficial de Jorge Forbes: http://jorgeforbes.com.br/

Site do IPLA – Instituto da Psicanálise Lacaniana – SP: https://ipla.com.br

Jornal *O Estado de S. Paulo*

Jornal *Folha de S. Paulo*

Revista *Rio Dermatologia*

Revista *Psique*

Revista *HSM*

Revista *IstoÉ Gente*

Revista *HSM Management*

Revista *Marie Claire*

Revista *WELCOME Congonhas*

Portal da Faculdade de Medicina da UFMG

Site A Tarde.com.br

Trabalho apresentado por Jorge Forbes no XVII Encontro Brasileiro do Campo Freudiano, Rio de Janeiro, 21 a 23 nov. 2008.

Trabalho apresentado no Congresso da Associação Mundial de Psicanálise em Paris em 30 de março de 2022.

Livro de Jorge Forbes intitulado *Psicanálise: problemas ao feminino*